'그'에게

지은이는 이 책의 인세 가운데 10퍼센트를 유니세프에 기부합니다.
이 책은 인류학자 레비스트로스의 이론에 빚을 지고 있습니다. 원주민에 대한 그의 '객관적 사랑'
을 존경하는 뜻에서 기부합니다. 제3세계의 적합하고 지속가능한 발전에 조금이나마 도움이 되
고 싶습니다.

기업문화
오디세이
1

기업의 인류학
에 관한
친절한 강의

신상원 지음

가슴속에
담은
소명을
꺼내며

2003년

종교학은 결국 문화에 대한 탐구입니다. 그것도 가장 궁극적인 차원에서 상징체계에 대한 물음과 해답의 실타래를 푸는 작업입니다. 제가 어린 시절부터 지금까지 내내 놓지 않고 있는 화두는 '공동체의 문화는 어떻게 성립되고 유지되는가'입니다. 단지 종교학만으로는 답할 수 없는 문제였기에, 인류학, 정신분석학, 사회학, 철학 등 여러 방면에 관심을 가질 수밖에 없었습니다. 그 결과 신화와 정체성, 구조와 이데올로기, 언어를 통한 무의식의 구성, 희생양 메커니즘, 동일시를 통한 자아 성립 등에 대해 이해를 심화했습니다. 졸업 논문은 인류학적 고증을 바탕으로 한 〈문화의 성립 과정에서의 여성의 상징성 연구 ― Maurice Bloch의 장례식 구조 분석을 중심으로〉였습니다.

기업도 하나의 인간 집단입니다. 기업 공동체가 성립되고, 유지되고, 또 소멸하는 메커니즘을 밝혀내고 싶습니다. 저는, 이 작업이 회사에 기여할 수 있다고, 진실로, 믿습니다.

저의 입사지원서 원문으로 이 책을 시작하게 될 줄은 꿈에도 몰랐습니다. '기업문화'라는 것을 하겠다고 아모레퍼시픽에 낸 지원서의 글입니다. 그때 저는 어떤 소명이 실현되고 있다는 느낌을 지울 수가 없었습니다. 2003년의 일이었습니다.

scene #2

1995년 서울대 학생회관

구조주의structuralism는 한 집단의 감추어진 질서를 드러내는 작업입니다. 인간은 언어/상징을 사용하며 살아갈 수밖에 없는 동물이라고 할 때, 그 상징적 질서를 분석함으로써 사람들의 살아가는 방식을 이해할 수 있다는 전제를 두고 있습니다. 애초에 언어의 질서를 분석하는 방법에서 출발한 구조주의는 이후 인류학에 적용되어 부족사회를 연구하는 데 공헌합니다. 그리고 현대문화 분석에도 획기적으로 기여합니다. 언어학, 인류학, 종교학, 정신분석학, 일반 사회학에도 구조주의의 손길이 닿지 않는 곳이 없습니다.

'운동권'도 예외가 아니었습니다. 한국 사회를 움직이는 저변에 깔린 심층 구조를 이해하는 데 구조주의는 등불과도 같은 이론이었습니다. 사회의 숨겨진 질서를 알아야 그 사회를 바꿀 수 있는 방법도 알게 될 테니까요. 그러나 저의 관심은 좀 더 미시적인 데 있었습니다. 그 '운동권 자체'를 움직이는 어떤 힘을 아는 것이 먼저라고 생각했거든요. 즉, 한국 사회를 바꾸려고 하는 그 공동체의 문화를 바꾸는 일이 먼저라고 생각했던 것입니다. 당시 제가 가장 관심을 기울였던 분야는 '정체성의 형성'이었습니다. '수퍼맨'과 '클라크 켄트'는 같은 사람임에도 완전히 다른 행동을 보이듯이, 한 집단의 문화가 개인 스스로를 어떠한 사람으로 인식하게 만드느냐에 따라 개인의 행동이 달라질 수 있다고 믿었으니까요. 그러나 그 방법은 어설펐고 안타까웠습니다. 분석도 체계적이지 못하였지만, 무엇보다 어떻게 변화시킬 것인지 그 해답이 없었습니다.

그 안타까움은 내내 제 귓가에 앉아 속삭이고 있었습니다.

scene #3
1993년 서울대 인문대학

담배 연기가 가득합니다. 종교학과라는 푯말이 붙어 있습니다. 삐걱거리는 탁자 앞에 몇몇이 모여 막스 베버Max Weber의 사상을 가지고 열띤 토론을 벌이고 있습니다. 뿌연 담배 연기만큼이나 아득한 풍경입니다. 하지만 종교사회학적 관점에서 종교 진화에 대한 그의 이론을 보면서 이런 글을 끄적였던 장면은 또렷합니다.

"아버지에게 꼭 이 내용을 알려줄 것!"

당시 아버지는 인도네시아에서 공장을 운영하고 있었습니다. 집으로 부쳐오는 생활비가 끊긴 지 오래이니, 사업이 안 되고 있음이 분명했습니다. 저는 막스 베버가 매달린 문제, 즉 '왜 더 적합한 경제적 조건을 갖춘 중국과 인도가 아니라 서유럽에서 자본주의가 발달하게 되었는가'에 대한 해답이 인도네시아에서 일하고 있는 아버지에게 도움이 되리라 믿었습니다. 합리성에 기반을 둔 '자본주의 윤리'를 갖추도록 사람들을 '개조'하는 작업이 필요하리라 생각했죠. 하지만 동업자였던 사장의 '한국식 개발 독재 윤리'에 기반을 둔 경영은 인도네시아에서의 사업을 실패로 몰고 갔습니다.

아버지는 지병이던 심장병이 도졌습니다.

2005년 아모레퍼시픽

2005년 어느 날입니다. 두툼한 보고서 뭉치 하나가 시큰둥한 표정으로 제 책상 위에 놓였습니다. 〈PES당시 Pacific Europe 기업문화 분석 by ACGAlternative Consulting Group〉라는 제목이 검게 인쇄되어 있었습니다. 조악하게 번역된 보고서라는 느낌이 아니었다면 나중에 열어봐야지 하고 덮어두었을 텐데, 하필 조악한 모양을 하고 있어서 손을 뻗었죠. 멋지게 포장되어 시중에 나와 있는 기업문화 관련 책이나 보고서들은 어김없이 저의 기대를 저버렸기 때문이었습니다. 그들은 '문화'를 문화로 다루고 있지 않았습니다.

그때 그림 하나를 그리고 있었는데, 아래와 같은 것이었습니다.

그리고 보고서를 단숨에 다 읽었고, 그림 아래에 다음과 같이 적었습니다.

"파리 행 비행기 표를 끊어야 하나……."

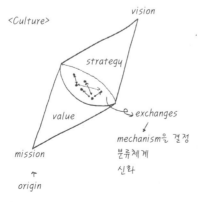

2006년 프랑스 파리

"방이 있고, 원숭이 다섯 마리가 그 방에 있습니다. 원숭이들에게 그 방은 온 세상이었죠. 천장에는 샹들리에가 달려 있고 샹들리에 위에는 바나나가 걸려 있습니다.

자, 최초의 사건이 벌어집니다. 원숭이 한 마리가 바나나를 집으려고 샹들리에에 매달리겠죠. 그런데 사실 그 방 안에는 어떤 장치를 해놓았습니다. 샹들리에에 매달리면, 갑자기 하늘에선 벼락이 치고 사이렌이 울리고 폭우가 쏟아지듯 물이 떨어지게 말이죠. 그 원숭이는 혼비백산해서 다시 땅으로 내려왔죠.

조금 있다가 다른 원숭이가 바나나를 갖기 위해 매달리자 방안은 또 다시 혼돈에 휩싸입니다. 다른 원숭이도, 또 다른 원숭이도……. 원숭이 다섯 마리는 샹들리에에 매달리면 (신이 노하셔서!) 악몽 같은 일이 일어난다는 사실을 모두 알게 됩니다.

이제 원숭이 한 마리를 방에서 꺼내고 새로운 원숭이 한 마리를 집어넣습니다. 이게 웬 떡? 새 원숭이는 바나나를 보자마자 샹들리에에 올라가려고 뛰어 오르는데…….

다른 네 마리 원숭이가 기겁을 하며 뜯어 말립니다. 이 새로운 원숭이는, 이유는 모르지만 어쨌든, 샹들리에를 만지면 절대 안 된다는 사실을 뼈저리게 알게 됩니다. 자, 이제 원숭이를 또 한 마리 바꿔 넣습니다. 이 원숭이는 어땠을까요? 들어오자마자 바나나로 달려들었겠지만, (새로 온 원숭이를 포함한) 다른 네 마리 원숭이들이 또 기를 쓰며 말렸겠죠. 이 원숭이 역시 왜 그런지도 모르면서 샹들리에를 만지지 않게 됩니다. 이렇게 차례대로 모든 원숭이를 바꾸어나가, 이제는 처음의 다섯 마리는 아무도 남아 있지 않게 되었습니다. 남은 다섯 마리 원숭이 중 어느 하나도 샹들리에를 만지면 무슨 일이 일어나는지 경험하지 못한 겁니다. 그래서 설명할 수 있는 원숭이는 없는 거죠.

하지만 새로운 다섯 원숭이가 모두 샹들리에를 절대로 만지면 안 된다는 사실을 본능적으로 알게 됩니다. 이제 어떠한 원숭이가 그 방으로 다시 들어온다 해도 샹들리에의 신성은 금기가 되어 그대로 보존됩니다. 어느 누구도 '그 이유를 설명할 수는 없지만 그에 따라 행동하고 있는 그 무엇'이 되어버린 것이죠."

"문화의 기원에 신화가 도사리고 있고, 그 신화가 어떻게 현재까지 유지되는가를 말해주는군요. 그 신화의 본질은 금기이고요. 금기는 의무와 같이 짝패를 이루고 있겠죠?"

"르네 지라르René Girard를 읽으셨군요."

보고서를 읽고 나서 일 년 후, 저는 파리의 오래된 건물 이층의 삐걱거리는 의자에 앉아 있습니다. 기업문화 전문 컨설팅 회사인 ACG의 창업자 마크 르바이Marc Lebailly와 한창 토론을 벌이고 있었습니다. 마크 르바이는 구조주의 인류학자, 정신분석학자입니다. 자크 라캉Jacques Lacan의 Ecole Freudienne de Paris 멤버였고 파리 제12대학의 부교수였습니다. 좀 있다가 공동 창업자인 알랭 시몽Alain Simon과 똬이 퐁 뉴엥Thoai Phong Nguyen도 흥미로운지 대화에 합류합니다. 이제 얘기는 막스 베버와 기업문화 유형론의 연관성에 대한 주제로 옮겨 갈 태세입니다.

일 년이 지나서야 추진이 결정된 프로젝트였고, 우연히도, 아니 운명처럼 이 프로젝트 매니저엔 제 이름이 올라가 있었습니다.

지금부터 드릴 이야기는 기업에 관한 이야기이자 인간에 관한 이야기입니다. 경영학에 관한 이야기이자 인문학에 관한 이야기입니다. 19~20세기 유럽을 중심으로 진행된 인류학, 종교학, 정신분석학 등의 성과를 담고 있으며, 동시에 이 인문학적 성과를, 20세기 후반 이후 가장 화려한 스포트라이트를 받고 있는 인간집단인 기업의 경영에 적용해왔던 크고 작은 성과들을 함께 풀어놓을 것이기 때문입니다.

이 이야기는 '기업의 인류학'이라는 이론을 창시한 마크 르바이, 알랭 시몽의 저서《기업의 인류학을 위하여Pour une anthropologie de l'entreprise》와 그들이 창업한 회사 ACG의 성과에 많은 부분 기초하고 있습니다. 마크 르바이가 얘기하길 '아시아의 유일한 제자'로서 저는, 그래서 이 이야기를 〈'기업의 인류학'에 관한 친절한 강의〉라 이름 붙였습니다. 특히 프랑스와는 다른 한국의 지적 전통에서 구조주의 인류학이라는 방법론은 상당히 '불친절한' 내용임을 부인할 수는 없으니까요. 여러 개념의 문화적 맥락, 자본주의 경영에서의 의의 등에 대해, 지금껏 제가 컨설팅하고 관찰한 회사들의 경험에 비추어 최대한 이해하기 쉽고 상세하게, 많은 사례와 함께 풀어보겠습니다.

부끄러운 입사지원서가 뜻있는 회사를 만나기 얼마 전에, 아버지의 심장은 멈추었습니다. 1995년의 다짐이었던 이 이야기를 이제는 들려드릴 수 없게 되었습니다. 그렇기에 저는 또 다른 많은 '아버지'들에게 못 다한 이 이야기를 꼭 전해드려야만 합니다. 이 책은 제가 부여 받은 소명인 것입니다.

그 '아버지'들 가운데 이 책의 이야기에 가장 귀 기울여주신 분이 있습니다. 아모레퍼시픽의 서경배 사장님입니다. 인문사회과학과 예술, 그리고 자연과학에까지 이르는 다양한 학문을 경영에서 아우르는 통찰력을 지닌 분입니다. 무엇보다 경영에서 기업문화의 중요성을 가장 잘 체득하고 있는 경영자라고 생각합니다. 이 책의 많은 내용은 서경배 회장님이 권해준 책들과 그분의 이야기가 크게 도움이 되었습니다.

scene #6

1990년대 초 태평양

아모레퍼시픽전 태평양은 1990년대에 이미 기업문화를 통한 내부 혁신을 성공적으로 수행한 경험이 있습니다. 1980년대 다각화를 무리하게 진행하면서 몸이 비대해진 태평양 '그룹'은 1990년대 초에 뚜렷한 '문화적 병증'을 보였고 결국 총파업이라는 극단의 상황을 맞았습니다. 당시 기획조정실장이었던 서경배 회장은 '병증'의 원인을 기업문화에서 찾았습니다. 그는 사라진 신화시대를 복원하고, 잃어버린 소명을 되찾는 작업을 구조조정 과정에서 실현하였습니다. '아름다움과 건강을 통한 인류의 행복 실현'이라는 원래의 소명에 부합하는 사업 말고는 모두 정리하였습니다. 내재된 유전자를 담는 그릇으로서 경영이념을 정립하였고, 고객에게 모든 책임을 다한다는 선언인 '무한책임주의'를 통해 이를 실제로 구현하였죠. 자기 자신을 잃었던 사람들은 자아를 찾았습니다. 가장 적합한 기업문화로 변환하자 집단의 구성원들은 자기 안에 잠자고 있던 힘을 분출시켰습니다. 잃어버렸던 존재의 이유를 다시 찾은 그들의 힘이란 정말이지 대단했죠. IMF라는 위기 속에서 오히려 비약적인 성공을 가져왔습니다. 그리고 이 성공의 경험은 또 다른 유전자, 즉 '혁신'이라는 유전자가 되어 아모레퍼시픽 안에 자리 잡게 되었습니다.

어쩌면 제가 인문과학이라는 '다른 생각'을 경영의 장에서 펼칠 수 있는 것도 아모레퍼시픽이 갖고 있는 '혁신'이라는 유전자의 힘일지도 모르겠습니다. 서경배 회장님께 감사하는 마음으로 이 책을 드립니다.

scene #7
2009년~ 컬처트랜스포머에게

그리고 이 책은 BGF리테일의 백정기 사장님을 위한 것이기도 합니다. 많은 빚을 졌습니다. 저의 짧은 프랑스 연수를 물심양면으로 지원해주고 프로젝트 매니저로서 역할을 맡게 해주셨습니다. 안팎으로 강한 저항에 부딪혀 용기를 잃고 좌절했을 때 받은 격려는 아직도 이 작업의 나침반이 되고 있습니다. "아무것도 안 하고 있는 것이 가장 나쁜 거야. 시도하고 또 시도해봐. 괜찮아, 실패해도."

저를 믿고 저와 함께 여러 프로젝트를 수행한 컬처트랜스포머 Culture Transformer 팀의 진민주, 권창희, 정화영 님, 그리고 팀을 지원해주신 김민영 님께도 이 책을 드립니다. 저의 부족한 설명을 이 책이 보충해줄 수 있으리라 생각합니다. 나중에 진정한 컬처트랜스포머가 되는 데 도움이 됐으면 좋겠습니다.

기업에서의 신화학과 관련한 제 이야기에 많은 지면을 할애해주고 관심을 보여준 《동아 비즈니스 리뷰》에도 책을 드립니다. 첫 만남 때 제 건방진 얘기에 한껏 귀를 기울여주던 그 모습에서, 제가 하고 있는 일에 대한 믿음과 용기를 얻을 수 있었습니다. 인문과학, 자연과학의 다양한 방법론을 경영학에 접목하려는 《동아 비즈니스 리뷰》의 시도에 적게나마 힘이 되었으면 좋겠습니다.

얼마 전 종교학을 공부하려는 학생이 이제 많지 않다는 얘기를 전해 들었습니다. 이 책과 저라는 존재가 지금의 이 현상에 어떤 의미가 되었다고 얘기할 수 있는 날이 왔으면 좋겠습니다.

이제 아버지께 이 이야기를 들려드려야 할 시간이 된 것 같습니다. 그 첫 문장은 다음과 같습니다.

"문화는 있습니다."

매트릭스에
숨겨진
비밀

⟨매트릭스 The Matrix⟩라는 영화를 보셨는지요? 아직 못 보셨다면, 이 책
장을 더 넘기지 않아도 좋으니 꼭 한 번 보시기 바랍니다. 기업문화의
비밀을 찾아 떠나는 이 여행의 좋은 동반자로 삼고자 합니다. 3부작인
⟨매트릭스⟩ 시리즈 안에 기업문화의 비밀이 숨겨져 있다면, 믿으시겠어
요? 영화의 '매트릭스'는 (우리가 앞으로 이야기하려는 의미에서의 바
로 그) 문화의 정확한 은유이기 때문입니다. 먼저 영화에 대해 간단히
살펴보겠습니다. '매트릭스'의 탄생부터 들여다볼까요?

21세기 어느 날, 인간은 AIArtificial Intelligent, 즉 '지성을 가진 기계'를 만
듭니다. 그러나 인간은 AI와 전쟁을 벌이게 되고 태양 에너지로 움직이던
AI를 이기기 위해 인간이 택한 전술은 대기를 먹구름으로 뒤덮어 태양을
가리는 것이었죠. 전술은 성공했습니다. 하지만 AI는 태양 에너지 대신 인
간의 몸에서 나오는 에너지를 동력원으로 삼습니다. 인간을 '건전지'로 사
용한 것이었죠. 그러려면 인간을 '충전기' 안에서 '길러야' 했습니다.

매트릭스의 코드를 읽을 수 있게 된 네오의 눈에 보이는 매트릭스

영화에서 매트릭스는 일종의 가상현실입니다. 충전기 안의 모든 인간 들은 매트릭스에 접속해 있고 그 가상현실 안에서만 살아갑니다. 그 안 에서만 살기 때문에 접속해 있는 사람들에게는 '진짜 현실'이기도 한 것 입니다. 그런데 왜 매트릭스가 필요했던 걸까요? 그냥 필요한 영양분만 공급하면 될 것을 왜 굳이 매트릭스를 만들어 모든 인간들이 가상현실 안에서 살게 했던 것일까요? 인류학적 전제에 따르면, 인간이라는 동물 은 집단을 이루어야만 살 수 있고 그 집단 안에서 사회적 교류를 통해 서만 생존할 수 있는 존재이기 때문입니다. 그렇다면 '사회적 교류의 모 든 양상을 어떻게 이루어지게 하느냐'가 문제였을 것입니다. 그 해답이 바로 매트릭스였습니다. 매트릭스의 법칙에 따라 사람들은 사회생활을 하며 살아가는 것이죠. 매트릭스가 바뀌면 사람들도 바뀝니다. 먹고 입 고 느끼고 생각하고 말하고 행동하는 모든 방식이 바뀝니다. 매트릭스 를 문화의 은유라고 본다면, 문화에 따라 사람들의 모든 생존 방식이 결 정된다, 라고 얘기할 수 있겠죠. 인간은 '문화를 살아가는' 존재인 것입 니다. 집단으로서의 인간은 문화가 없으면 생존할 수 없습니다. 역으로, 인간이 있는 모든 곳에는 문화가 발생할 수밖에 없습니다. 생존해야 할 테니까요. 트레이닝 프로그램에서 모피어스는 네오에게 말합니다. "매 트릭스는 어디에나 있다." 기업이라는 집단이야 말할 필요도 없겠죠.

하지만 사람들은 매트릭스의 존재를 모릅니다. 매트릭스는 보이지 않으니까요. 문화가 눈에 보이지 않는 것과 같습니다. 그러나 사람들은 (보이지 않는) 매트릭스에 따라 살아갈 수밖에 없죠. 플러그에 접속하는 plugged 순간, 그 사람의 의식과 행동은 매트릭스의 지배를 받게 되니까요. 기업문화의 관점에서 이를 해석해볼까요? 한 기업의 '안'으로 들어오는 순간, 어디에서건 사람들은 그 기업의 기업문화에 따라 행동해야만 하는 것과 같습니다. 예컨대 매트릭스에서 검은 옷을 입은 '요원'들에게 어느 누구도 도전하지 않는 것처럼, 어떤 기업에서건 절대 어겨서는 안 되는 금기 같은 것이, 그 기원이 언제인지는 모르겠지만 형성되어 있을 것이고, 그 금기는 사람들의 행동을 무의식적으로 지배하고 있을 겁니다. 매트릭스의 힘은 기업문화의 힘과 꼭 같습니다.

매트릭스는 암호화된 디지털 코드로 이루어져 있습니다. 그 안에 살고 있는 사람들은 그 코드를 보지 못하죠. 그런데 매트릭스 '밖'에서는 매트릭스의 코드를 모니터로 볼 수 있습니다. 모피어스나 트리니티 같은 주인공들은 모니터를 통해 펼쳐지는 코드들을 보고서 사람들이 무엇을 하고 어떻게 움직이고 있는지를 읽어냅니다. 기업문화를 보는 눈도 마찬가지입니다. 매트릭스 '밖'으로 나가야 매트릭스의 암호를 읽을 수 있는 것과 같이, 자신이 속한 기업 바깥의 객관적 시선을 유지해야만 기업문화의 비밀을 볼 수 있습니다. 자기 스스로를 객체화해야 하는 것이죠. 그러다 보면 어느 순간, 기업 안에 있어도 밖에서 바라보는 것과 같이, 경영이 왜 이렇게 이루어지고 사람들이 왜 이렇게 움직이는지 보이게 되는 놀라운 경험을 하게 될 것입니다. 주인공 네오가 매트릭스 안에서도 매트릭스를 코드로 읽을 수 있게 된 것처럼 말이죠.

그리고 주인공 네오는 매트릭스를 바꾸는 일에 뛰어들게 됩니다. 보았으니까 바꾸려는 것이죠. 매트릭스가 돌아가는 원리들이 고스란히 보이는 사람으로서, 자신이 어떤 역할을 해야만 하는지 알게 되었으니까요. 우리의 작업이 '보는 것'에서부터 시작하는 것과 같습니다. 여러분은 회사에서 네오와 같은 메시아가 되어야 할지도 모릅니다. 혹은 그것이 여러분의 소명임을 깨달아야만, 그제야 비밀의 문이 열릴지도 모릅니다. 네오가 메시아로서 자신의 소명에 눈을 뜬 그 순간, 매트릭스의 모든 코드를 볼 수 있었듯이.

매트릭스를 바꾸는 것이 그러하듯이 문화를 바꾼다는 것은 정말 불가능해 보이는 작업입니다. 그리고 수많은 저항에 부딪히게 될 것입니다. 모피어스는 말합니다. "우리는 매트릭스에 있는 사람들을 위해 이 일을 한다. 그러나 그들은 매트릭스에 접속해 있기 때문에 모두가 '요원'이기도 하다. 그들은 전부 매트릭스의 일부이기 때문이다. 요원은 어디에나 있고, 누구나 잠재적으로는 요원이다." 바꿔서 이렇게 말할 수도 있겠습니다. "우리는 기업에 속해 있는 구성원들을 위해 이 일을 한다. 그러나 그들은 기존 문화의 질서를 따를 수밖에 없다. 때문에 변화에 대한 저항은 어디에나 있고 누구에게나 있다." 기업 내부에서, 외부의 객관적 시선을 유지하며, 내부의 잠재적 저항 속에서 낯선 인문과학적 방법론으로 자신의 '매트릭스'를 바꾸려는 여러분은 모두 진정 '네오'인 것입니다.

1

기업 문화 라는
비밀의 문을
발견하기

:

기업 문화의
정의

비밀의 문을 가로막는 두 개의 늪

문화는 '있습니다.' 현존하는 실재라는 말입니다. 이 사실을 인정하는 것이 기업문화를 바라보는 첫 번째 전제입니다.

너무나도 당연한 얘기라고요? 그렇지 않습니다. 이 전제는 굉장히 중대한 '경영상의 문제 상황'으로부터 출발하기 때문입니다. 그리고 그 문제 상황을 인식하는 것이 기업문화를 바라보는 데 가장 근본적인 태도를 형성하기 때문입니다. 보통의 이론서가 그러하듯이 그냥 '기업문화란 무엇이다'라고 한마디로 정의 내리고 다음 얘기로 넘어가면 될 것을 굳이 그 정의 내리는 과정을 같이 따라가 보자는 것도 이러한 까닭입니다. 더하기를 모르면 구구단을 외우는 게 아무런 쓸모가 없듯이, 문화를 바라보는 시선을 미리 형성하지 않고서는 지금부터 얘기하고자 하는 두 가지 문제 상황 안에 여전히 갇혀 있을 수밖에 없습니다. 기업문화라는 이름표가 붙은 비밀의 문에 다다르지도 못하는 것입니다. 그러므로 기업문화에 대한 정의는 이 두 가지 문제 상황을 인식하고 이를 극복하는 데서 출발합니다.

우리가 한 사회를 볼 때는 문화라는 것의 실재를 인정하고 있습니다. "한국이랑 프랑스랑은 기본적으로 문화가 달라. 걔들 것을 우리한테 적용하려 해선 안 돼"라고 할 때는 이미 그 언어 구조 안에 고유한 문화적 실체를 전제하고 있는 것입니다. 그렇기에 문화를 분석하기 위한 다양한 이론들이 만들어졌고 그 이론들로써 문화를 분석하는 일을 의미 있는 작업으로 여깁니다. 특히 구조주의에 따른 문화 분석은 그 설득력이 남다릅니다. 물론 이론적인 데에 그치고 이를 활용하고 있지는 못한 것이 한계이긴 하지만요.

그런데 흥미롭게도 문화라는 말 앞에 '기업'이라는 말이 붙으면 태도가 달라집니다. 일반 사회보다 훨씬 두드러진 자기만의 문화를 가진 집단이 바로 '회사'임에도 불구하고, 기업에 대해서만은 유독 문화를 문화 자체로 다루지 않으려 합니다. 한 집단의 문화를 부수적인 가치관의 문제, 경영자의 철학의 문제, 시스템의 문제, HR Human Resources. 인사 관리, 인적 자원 관리의 문제, 심지어 사회공헌 사업 등으로 취급합니다. 이렇듯 기업문화의 실재를 부정하고 전혀 다른 것으로 바꾸어 이해함으로써 기업문화 자체를 보지 못하고 있습니다.

다른 한편에서는 어느 정도 기업문화의 실재를 인정하고 있는 태도가 있습니다. 기업문화라는 것이 의미가 있다고 보고 이를 전략에 활용하려 하지요. 그러나 각 기업의 '고유한 문화'는 인정하지 않습니다. 사실 일부러 인정하지 않는다기보다는 어떤 문화가 전략에 부합하는지를 판단할 기준이 없기 때문에, 이른바 선진 기업의 것이라면 일단 옳다고 보고 도입하려 합니다.

전자의 태도를 기업문화에 대한 환원론, 후자의 태도를 독단론이라 부르겠습니다.[1]

1
기업문화를 정의하기 위해 기업문화의 '있음'을 전제하고 '우리에게 필요한 정의'를 찾으려는 이 방법론은 종교학자 정진홍 교수의 종교현상학적 방법론에서 빌려왔습니다. 우리가 종교라는 것을 명확히 '부르'고 '이름짓'고 있음은 종교라는 것이 삶의 모습으로 인간의 문화 속에 분명히 존재하는 현상임을 반증함에도 불구하고, 종교에 대해서 말하려 할 때는 '설명의 문법'을 찾지 못하고 있습니다.
①심리현상이나 사회현상의 일부로 설명하거나(환원론) ②불교, 기독교, 이슬람교나 유교라는 특정 종교의 문법으로 종교라는 '현상'을 설명하고 있는 것입니다.(독단론) ①의 문법에서 종교는 '종교라고 잘못 불린 다른 현상'이며, ②의 태도에서는 불교, 기독교, 이슬람교만 있을 뿐이지 '사람들이 분명히 인식하고 있는 실재로서의 종교(문화)'는 없습니다. 그러므로 '삶의 현상으로 실재하고 있는 종교(문화)'를 인식하기 위해서는 그에 적합한 문법을 모색하는 것, 그에 적합한 정의를 모색하는 것이 그 출발점이 되어야 합니다. 정진홍, 《종교문화의 인식과 해석》, 서울대학교출판부, 1996.

환원의 늪을 건너

——

환원론은 말 그대로 기업문화의 실재를 인정하지 않고 기업문화를 다른 어떤 것으로 보는 태도입니다. 기업문화를 익숙한 다른 개념으로 일단 정의내리고, 그 정의 안에 스스로를 가두어버립니다. 예컨대 다음과 같은 기업문화의 고전적 정의가 대표적입니다.

기업의 모든 구성원들이 인정하며 공유하고 있는 가치관 및 목표 체계[2]

기업에서 역사적으로 형성되어온 구성원들의 공유된 가치관[3]

이 정의에 따라봅시다. 어떤 회사에서 기업문화에 문제가 있다고 판단할 경우 — 사실 기업문화에 문제가 있다고 판단했다는 사실 자체가 '그 실체는 뭔지 모르겠지만' 기업문화의 실재는 인정하고 있는 것이지요 — 경영진은 구성원의 가치관을 바꾸려고 시도할 것입니다. 그렇다면 경영진은 구성원들에게 어떠한 가치관을 갖도록 해야 할까요?

2
유필화 · 신재준 지음, 《기업문화가 회사를 말한다》, 한언, 2002.

3
한국능률협회컨설팅, 〈기업문화 전문 요원 양성 과정〉, 1990.

여기에서 일단 전략적 맹점이 생깁니다. 주로 경영자의 개인적인 도덕관이나 사회 일반의 윤리적 원칙을 가치관으로 설정하고 이를 교육하곤 합니다. 즉, 기업의 전략과는 직접적인 상관이 없는 보편적인 가치관 ─ 예컨대 근면, 성실, 충성, 봉사, 존중 등을 기업의 문화로 '오해'하고, 그럼으로써 기업문화의 전략적 활용은 소원해지는 것이죠.

더한 문제는 다른 데 있습니다. 가치관만 바뀌면 사람들이 바뀌게 될까요? 이는 '가치관이 의식과 행동을 결정한다'는 다소 순진한, 그러나 설득력 없는 가정이 성립될 때만 의미가 있습니다. 그러나 의식이 가치관을 배반하는 경우를 우리는 너무나 많이 보고 있습니다. 인간을 권력의지의 산물이라고 보는 니체의 시각이나 충동적 존재로 보는 프로이트, 혹은 인간을 경제적 동물로 보는 경제학의 여러 이론을 이 자리에서 굳이 언급할 필요도 없겠죠.

많이 양보해서 가치관이 의식과 행동에 많은 영향을 미친다고 인정하더라도, 오히려 가치관이 기업의 전략과 충돌을 일으킬 수가 있습니다. 예를 들어, 경영전략상 저임금 노동정책을 고수해야 하는 기업이 '인간에 대한 존중' 같은 보편적인 가치관을 가진다면, 사람들에게 혼란만을 주거나 아무도 그 가치관을 인정하지 않거나 둘 중 하나겠죠.

물론 가치관은 문화와 밀접한 관계가 있습니다. 그러나 중요한 점은 '문화 그 자체'가 아니라는 것이죠. 한 집단의 특정한 가치관은 오히려 기업문화의 결과물이지 기업문화 자체가 아닙니다. 이것이 우리가 얘기하고자 하는 '기업문화'의 관점입니다. 즉, 가치관은 특정한 문화의 영향 아래에서 형성되는 것이고, 역으로 문화는 가치관을 형성하는 어떤 힘인 것입니다. 이렇게 보아야만 기업문화가 경영에 도움이 될 수 있습니다. 기업문화를 조직의 사기, 분위기, 옷 입는 방법, 호칭 문화, 회의 문화 캠페인 등으로 취급하는 것도 부분을 전체로, 결과를 원인으로 환원하는 경우라고 할 수 있습니다.

기업문화를 HR 정책의 일부로 보는 것 역시 그러합니다. HR은 기업문화와 밀접한 관계가 있고, HR이 기업문화에 큰 영향을 미치는 것도 사실입니다. 그러나 아무리 좋은 HR 제도를 도입해도 사람들의 행동은 바뀌지 않는 경우를 많이 보셨을 겁니다. 정확히 말씀드리자면, 행동이 바뀌지 않는 것이 아니라 의도하지 않은 방향으로 이상하게 바뀐 경우이죠. 또는 도입한 HR 제도 자체가 이상하게 변형되어버리는 모습을 보면서 안타까워한 경험도 있을 것입니다. 기업문화에 의해 오히려 제도가 변형된 것이죠. HR 제도로 기업문화를 환원하여 취급하였기 때문에 생긴 오류입니다. 우리가 얘기하는 '기업문화'의 관점에서는 기업문화에 따라 HR 제도가 달라지는 것이지 HR 자체가 기업문화는 아닌 것입니다.

심지어 사회공헌 사업을 기업문화로 생각하는 경우도 있습니다. 차라리 HR로 환원하면 그나마 이해가 가지만, 이 경우는 큰 오류입니다. 기업이 사회공헌 사업을 하는 것은 사회적 책임일 수도 있고 전략적 활동일 수도 있으며, 때론 창업의 이유 그 자체일 수도 있습니다. 이런 다양한 전략적 요인에 따라 기업문화와 맺는 상관관계는 달라질 수 있습니다. 사회에 공헌하는 것 자체를 목적으로 창업한 회사라면 기업문화와 사회공헌 사업은 아주 긴밀한 관계를 맺을 것이고, 사회공헌이 전략적 활동이라면 경영전략과 관계가 더 밀접해지겠죠. 때로는 기업문화와 사회공헌의 관계보다는 기업문화와 생산관리의 관계가 더 밀접할 수 있는 것입니다. 이 역시 기업문화에 따라 달라지는 것이지, 사회공헌이 기업문화 자체는 결코 아닙니다. 아마도 '사회적 책임을 다하는 것이 우리의 기업문화다. 우리는 이렇게 좋은 기업이다'라는 것을 보여주기 위해 많은 기업에서 기업문화와 사회공헌을 동일시하고 있다고 보입니다. 이 경우에도 사실 기업문화의 실재는 암묵적으로 인정하고 있네요. 사회적 책임을 다하는 것이 기업문화라고 하고 있으니까요. 하지만 그와 동시에 기업문화를 사회공헌 활동으로 환원시켜버림으로써 전략적 활용에 실패하고 있는 것입니다.

정리해봅시다. 기업문화를 별도의 실재로 인정하지 않는 한 부분은 다룰 수 있으나 전체는 보지 못하게 된다는 결론을 내릴 수 있습니다. 또한 그 부분 부분들이 전체와의 일관성을 갖지 못하게 되므로, 이는 경영전략과의 부조화를 낳습니다.

사실 환원론의 가장 큰 문제는, 문화를 다루는 방법론이 아닌 다른 이론 — 조직론, 6시그마, 경영이념론 등으로 기업문화를 다루려고 하는 것입니다. '기업문화적인 현상'은 다룰 수 있으나, 그 현상의 원인은 치료할 수 없게 되는 거죠. 비유하자면, 공황장애로 인해 심장 발작을 느끼는 환자에게 정신과 치료가 아니라 심장 수술을 감행하는 것과 같습니다. 기업문화는 '문화를 다루는 과학'으로 바라보아야 합니다.

오해하지 말아주십시오. 저는 '경영에서 인문학적 상상력이 필요하다'라는 당위성을 주장하고 있는 게 아닙니다. 물론 저 개인적으로는 인문학적 상상력이야말로 미래 기업의 핵심 경쟁력이 될 거라고 생각하지만, 여기서는 '과학으로서의 인문학'만을

놓고 보자는 것입니다. 인간의 언어·문화·사회·심리 등이 모두 하나의 객관적 대상으로 분석 가능하다는 믿음에서 탄생한 근대 학문이 바로 인문과학과 사회과학입니다. 사회학이 그러하고 인류학이 그러하며, 언어학·신화학·종교학·정신분석학이 그러합니다. 사실 경영학 역시 사회과학의 한 분야입니다. 기업 문화를 인간에 관한 이론인 동시에 경영에 관한 이론으로 보아야만 하는데도 애써 '인간에 관한'이라는 말을 외면하는 것은 경영에서도 결코 도움이 되지 않습니다. 그 다양한 실례들은 앞으로 찬찬히 같이 보아나가도록 하겠습니다.

독단의 늪을 지나

———

　기업문화를 바라볼 때 또 하나 경계해야 할 관점은 '독단론'입니다. 종교를 예로 들어 얘기하자면, 어느 특정 종교의 신념만이 옳다고 보는 시각과 같습니다. '종교=신을 믿는 집단'이라고 정의를 내려버린다면, 불교와 유교와 무속과 인디언의 종교와 아프리카의 토속 종교는 도대체 어떻게 해석해야 할까요? 한 종교의 '도그마'를 가지고 다른 종교들을 무조건 재단하려 한다면 그에 따르는 부작용이 있을 것임은 쉽게 예상할 수 있습니다. 역으로, 자기 종교의 도그마에만 빠져서 바깥의 환경 변화를 받아들이지 않을 때에도 마찬가지로 문제가 될 수밖에 없습니다. 왠지 〈100분 토론〉에서 큰 갓 쓰고 "어디 감히 여자들이 말대꾸를!" 하고 호통 치는 근엄한 어르신이 떠오르는군요.

　GE는 세계 최고의 기업임에 틀림없습니다. 그러나 GE의 제도를 유한킴벌리에 적용할 때 그 제도가 성공한다고 볼 수는 없습니다. '잘 나가고 큰 글로벌' 기업의 제도를 무조건 도입하는 경우를 우리는 경계해야 합니다. 이 같은 부작용은 아마도 많이들 경험했을 겁니다. 특히나 선진 인사 시스템이나 혁신 프로그램을 도입한 다음에 오히려 기존에는 없었던, 예컨대 관료제같이 의도하지 않았던 결과를 낳는 경우를 봤을 것입니다.

또한 반대편 극단에서, '우리에겐 우리만의 고유한 기업문화가 있어. 그러니까 다른 제도는 우리에게 맞지 않아'라는 태도가 있습니다. 이 역시 경영에 도움이 되지 않습니다. '아시아적 가치에 의한 경영'이라는 것을 도그마처럼 주장하다가 기업의 구조 개선에 실패하고 1990년대 금융 위기 당시 몰락한 아시아의 여러 기업들이 그 예가 될 것입니다.

'선진 기업의 것이므로 무조건 옳다'는 태도와 '우리 것 말고는 무조건 옳지 않다'는 태도. 둘 다 '독단론'에 해당하므로 우리는 이를 경계해야 합니다. 앞으로도 되풀이해서 말하겠지만 기업문화는 '옳고 그름'의 문제가 아니라 '적합하거나 적합하지 않음'의 문제이기 때문입니다. 우리는 기업문화의 상대성을 인정해야만 합니다.

하지만 백만 개의 기업이 백만 개의 고유한 문화를 갖고 있다고 해서 우리가 아무것도 할 수 없다고 말하는 것은 아닙니다. 중요한 점은 '우리에게는 어떤 기업문화가 적합한가'를 볼 수 있는 전략적인 눈을 가지는 것입니다. 기업문화의 정의 역시 그런 전략적 활용을 가능하게 할 때 의미가 있습니다. 우리는 앞으로 문화를 형성하는 주요한 기준에 따라 기업문화를 몇 개의 특정 유형으로 분류하고, 그 유형을 고려할 때 이러한 독단론을 극복하면서 기업문화를 경영에 활용할 수 있음을 살펴볼 것입니다.

올라가기 위해 치워버려야 할 사다리

———

많은 길을 돌아왔습니다. 우리는 앞에서

1) 환원론의 극복을 얘기하며, '기업문화는 실재하는 것, 그러므로 부분이 아닌 전체를 포괄할 수 있는 정의가 필요함'을 결론내렸고,
2) 독단론을 극복해야 하는 이유를 살피며, '문화는 상대적인 것, 그러므로 기업문화의 전략적 활용을 가능하게 하는 정의가 필요함'을 보았습니다.

지금까지 제가 일관되게 지켜온 논지는 '경영에 도움이 되느냐', 즉 '쓸모가 있고 없고'의 관점이라는 것을 눈치 채셨을 겁니다. 요컨대 우리가 기업문화를 정의내리고자 함은 그것을 경영에 도움이 되도록 활용함에 있지 기업문화의 학문적 정의를 탐구하는 데 있지 않습니다.

이는 비트겐슈타인식으로 말하자면 '올라가기 위해 치워버려야 할 사다리' 같은 것입니다. 우리에게 필요한 것은 '위로 올라가는 일'경영의 효율적 뒷받침이지 '사다리 그 자체'기업문화의 정의는 아니니까요. 하지만 사다리가 없으면 위로 올라가는 일 자체가 불가

능하겠죠. 한 층을 올라갔다면 그 사다리를 걷어 다시 위층에 걸쳐놓아야만 할 테니까요. 그러므로 경영에 효율적으로 활용하기 위한 방편으로서의 정의, 즉 '방법론적 정의'가 우리에게 필요한 기업문화의 정의입니다.

때문에 우리는 다시 이렇게 얘기할 수 있습니다.

1) 환원론을 극복하여 '기업문화는 전체로서 실재한다'는 것을 인정한다면 '기업문화의 힘'에 주목해야 합니다.
2) 독단론을 극복하여 기업문화의 상대성을 인정한다면, '경영전략과의 정합성'에 주목해야 합니다.

이제 저는 기업문화를 '기업의 무의식'이라고 정의내립니다.

기업문화는 기업의 무의식

———

프로이트가 '발견'[4]한 개념으로서의 무의식을 떠올려주시기 바랍니다.

1) 환원론의 극복 → 전체로서 정의 ⋯▸ 기업문화의 힘에 주목할 때, 무의식이 의식에 미치는 힘과 같은 구조를 볼 수 있습니다.
2) 독단론의 극복 → 상대성의 인정 ⋯▸ 경영전략과의 정합성에 주목할 때, 무의식이 의식적 생활과 부조화하면 치료가 필요함을 볼 수 있습니다.

그러므로 우리가 기업문화를 '기업의 무의식'이라고 정의할 때, 지금까지 우리가 필요로 한, 그리고 앞으로 필요로 할 정의를 모두 충족시킬 수 있는 것입니다. '위로 올라가기 위한 사다리'로서 말이죠.

이로부터 좀 더 구체적으로 기업문화의 특징을 유추해볼 수 있습니다. 기업의 무의식으로서 기업문화는 무의식처럼 다음과 같은 특성을 갖습니다.

4
'발명'이라고 할 수도 있겠으나 무의식은 '발견'한 것에 가깝다고 볼 수 있습니다. 수많은 임상 사례 중에서 경험적으로 그 실재를 확인한 것이니까요. 마치 인류학자들이 수많은 실례를 보다가 그것을 움직이는 어떤 무의식적인 힘을 가정할 수밖에 없었던 것과 같이요. 기업문화를 분석하는 작업도 사실 이와 같습니다. 프로이트의 무의식 개념에 대해서는 《정신분석입문》(프로이트 지음, 김성태 옮김, 삼성출판사, 1990) 해제에 쉽게 해설되어 있으니 참고하면 좋습니다.

- 보이지 않습니다. 적어도 그 기업의 문화 안에 있는 사람들은 너무나 자연스럽고 당연하게 그에 따라 행동합니다.
- 그러나 사람들의 의식과 행동을 지배하고 있습니다. 의식이 언제나 무의식의 영향을 받는 것과 같이 모든 경영활동은 기업문화의 영향을 받습니다.
- 기업의 생존을 위해 반드시 필요합니다. 기업이라는 한 집단 안에 사람들이 모여서 생활하게 해줍니다. 의식 차원에서의 기억이 망각되어야 무의식으로 저장이 되어야 한 개인이 살아갈 수 있듯이 말이죠.
- 기원을 갖고 있습니다. 무의식에서 정신분열의 기원이 되는 유년기의 정신적 외상 예컨대 오이디푸스 콤플렉스이 잠재되어 있는 것과 같이 기업문화도 특정한 문화가 형성된 기원이 있습니다.

이 정도까지만 봐도 충분합니다. 사실 이 정의는 구조주의 인류학을 창시한 레비스트로스로부터 빌려왔습니다. 레비스트로스는 한 사회를 움직이는 보이지 않는 숨겨진 질서가 있다는 것을 발견하였고, 그것을 '구조structure'라고 불렀으며 '사회의 무의식'이라고도 하였습니다.5 제가 위에서 기업문화를 기업의 무의식이라고 정의한 그 의미와 정확히 같습니다.

5
클로드 레비스트로스 지음, 김진욱 옮김, 《구조인류학》, 종로서적, 1987.

우리가 얘기하고 있는 기업문화는, 사상적 사조로서 구조주의에서 말하는 그 '구조'라고 할 수 있습니다. 기업문화의 특징에 대한 이해를 돕기 위해 '구조'에 대해 좀 더 설명하되 비유를 통해 보겠습니다. 우리에게 필요한 것은 단지 '사다리'니까요.

장기나 체스를 둘 때, 혹은 포커를 칠 때를 떠올려봅시다.

장기판에는 졸, 차, 포 같은 말들이 움직이는 어떤 규칙이 있습니다. 졸은 그렇게 움직이니까 졸이고, 차는 나름대로 움직이는 규칙 때문에 차입니다. 차의 자리에 있는 한 그 규칙에 따라 움직일 수밖에 없습니다. 장기를 모르는 사람이 보면, '아니 바로 옆에 있는 포로 차를 먹으면 될 것을' 하고 안타까워할 것입니다. 그 규칙은 '보이지 않으니까'요.

우리가 사용하고 있는 언어의 관점에서 봅시다. 여기서 졸이나 차는 언어에서 개개인들이 입으로 내뱉는 말parole에 해당하는 것이고, 장기판의 규칙, 즉 기업문화는 글을 쓸 때나 말을 할 때는 보이거나 들리지 않는 문법langue에 해당한다고 볼 수 있습니다.[6] 사람들이 다 다른 말을 하더라도 같은 언어권 안에 있는 사람들은 그 문법의 규칙 안에서 말을 할 수밖에 없는 것과 같은 이치입니다.

만일 장기를 두고 싶은 사람이, 장기 규칙은 안 보고 장기 알

---

6 통상 구조주의는 페르디낭 드 소쉬르의 언어학에서 비롯된 것으로 보고 있습니다. 인간의 문화는 기본적으로 '언어적, 상징적 질서'니까요. 언어학자 소쉬르는 개개인의 발화 행위parole가 아닌 '사람들이 말을 그렇게 할 수밖에 없게 만드는 언어 체계langue'가 언어학의 대상이 되어야 한다고 주장하고, 그 '언어 체계'의 일반적인 구조를 밝히고자 하였습니다. 《일반 언어학 강의》(페르디낭 드 소쉬르 지음, 최승언 옮김, 민음사, 20~31쪽)을 참고하시면 좋습니다.

44

이나 장기판의 재질 혹은 장기 알 제조 기법을 연구한다면 도대체 무슨 소용이 있을까요? 기업문화를 HR 제도나 경영 시스템 등 다른 것으로 환원할 수 없는 이유가 이와 같습니다. 한편, 장기를 두어야 하는데, 체스가 최고라고 체스의 규칙을 적용한다면 아주 요상한 게임이 만들어지겠죠. 독단론 역시 기업문화를 다루는 데 적합한 방법이 아닙니다.

다시 장기로 돌아와 볼까요? 이런, 제가 차 하나를 실수로 어딘가에 잃어버렸습니다. 마침 주위에 체스의 비숍bishop이 있으니 주워서 차의 자리에 갖다놓고 쓰죠, 뭐. 이 경우 비숍은 체스의 비숍처럼 움직일 수 있을까요? 아니겠죠. 이미 장기판 위에서 차의 자리에 있으면, 그 비숍은 비숍이 아니라 차인 것입니다! 장기를 작동시키는 어떤 보이지 않는 규칙에 의해서죠! 조직을 바꾸고 사람을 바꾸어도 기업문화는 바뀌지 않는 것과 같은 이치입니다. 이는 뒤에 기업문화의 변화 방법론을 다루며 좀 더 심도 있게 얘기해보겠습니다.

장기와 체스는 당연히 다릅니다. 기업마다 고유한 기업문화가 있는 것과 같습니다. 고스톱과 포커도 역시 다릅니다. 그러나 어떤 축에 의해 묶일 수 있습니다. 분류가 가능하다는 말입니다. 그리고 그 분류의 축은, 구조주의의 전제에 따르면 '유사성과 인접성'입니다. 아직 잘 이해가 안 간다고요? 예를 들어보죠. 1 대 1 경기이고 평면에서 이동한다는 점에서 장기와 체스는 하나로 묶일 수 있고, 여러 명이 하는 경기이고 카드를 활용한다는 점에서는 포커와 홀라가 하나로 묶일 수 있습니다. 한편 마작은 비록 카드를 활용하지는 않지만 게임의 법칙이 유사한 점에서는 홀라와 하나로 묶을 수 있겠죠. 이렇게 특정한 기준에 의해 문화는 분류가 가능합니다. 포커나 홀라처럼 '인접'해 있거나, 장기나 체스처럼 어떤 '유사성'을 갖거나 하는 쪽으로 변형하기가 좀 더 쉽겠죠. 포커를 아는 사람이 홀라를 더 쉽게 배울 수 있고, 장기를 아는 사람은 체스도 쉽게 배울 수 있는 것과 같은 이치라고 보면 되겠습니다. 그렇다면 기업문화에서도 그 분류 규칙과 유사성과 인접성의 원리를 알면 기업문화의 변화 방향도 같이 알 수 있다고 유추할 수 있겠죠. 이러한 관점으로부터 2장, 3장에서 보게 될 기업문화의 '유형론'과 '진화'가 나올 수 있습니다.

기업을 이루는 의식과 무의식

    기업문화를 기업의 무의식, 즉 구조주의에서의 구조라고 정의할 때 우리는 프로이트의 도식을 빌려 어떤 그림을 그려볼 수 있습니다. 교과서에서 한 번쯤은 본 적이 있으시죠? 바로 빙산의 비유입니다.

    마치 바다 밑에 숨겨진 빙산의 거대한 부분처럼, 무의식은 우리의 정신 깊숙한 어떤 곳에서 의식적 활동을 지배한다는 것을 비유하여 나타낸 그림입니다. 경영상의 모든 활동이 바로 인간의 의식적 활동에 해당합니다. 그리고 그 활동은 바로 '교환활동 Exchange'입니다.

    여기서 갑자기 의문이 하나 생기죠? "기업문화를 기업의 무의식으로 하자고 한 것까진 이해가 되고 동의도 하는데, 아니 왜 경영상의 모든 활동이 교환활동인가?" 하는 질문일 것입니다.

    사실 답은 간단합니다. 우리는 '인간'이기 때문입니다. 인간은 교환교류, 상호작용 등 활동 없이는 살아갈 수 없기 때문입니다.[7] 자연의 다른 모든 존재와는 달리 인간은 집단을 만들어야만 생존할 수 있습니다. 그리고 집단 안에서는 문화가 발생할 수밖에 없습

7

'인간적 본질은 어떤 개개인에 내재하는 추상이 아니다. 그것은 현실적으로 사회적 관계들의 총체이다'라고 칼 마르크스Karl Marx가 〈포이에르바하에 관한 테제〉에서 한 말처럼 인간의 본질은 사회적 관계 속에서 상호작용(교환관계)에 의해 이루어집니다. '사회가 개인들로 구성되는 것이 아니라 상호관계들의 총합, 즉 그 안에 개인들이 자리하고 있는 관계들을 표현하고, 개인들은 이러한 관계들 속에 위치'합니다.

기업문화와 경영활동의 관계 = 무의식과 의식의 관계

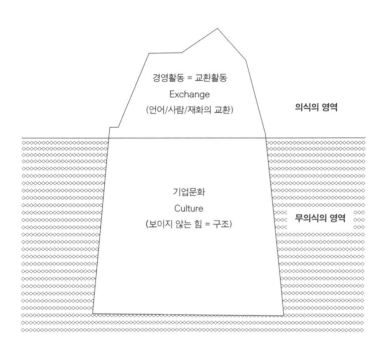

경영활동 = 교환활동

Exchange

(언어/사람/재화의 교환)

의식의 영역

기업문화

Culture

(보이지 않는 힘 = 구조)

무의식의 영역

48

니다. 그리고 그 문화라는 것은 교환관계에 의해 성립됩니다. 서로 교류하지 않는 사회를 상상이나 할 수 있을까요?

　이를 문화의 재생산 관점에서 다시 보도록 합시다. 문화는 끊임없이 재생산되어야 합니다. 그리고 재생산되고 있습니다. 그것을 가능하게 하는 것은 두말할 것 없이 교환, 교류, 또는 상호작용입니다. 사실 우리말로 딱 들어맞는 말이 없기에 우리는 교환, 교류, 상호작용을 통틀어 'Exchange'라고 부르기로 합시다.

　아직도 좀 설명이 부족한 것 같습니다. 그렇다면, 인간의 모든 활동은 어떤 Exchange로 이루어져 있는지 한 번 볼까요?

　일단, 언어가 그러합니다. '말의 교환'은 문화를 이루는 가장 기본적인 관계 맺음의 방식이죠. 그렇기에 문화를 다른 말로 '상징적 질서'라고도 합니다. 인간은 상징을 사용함으로써 인간인 것이니까요. 또한 레비스트로스는 언어의 교환과 더불어 '여성의 교환'을 문화 질서의 기저로 보았습니다. 이로부터 근친상간의 금기가 생겨나게 되었다는 것이죠. 꼭 여성의 교환만이 아니라, '특정한 분류의 사람을 교환하고 안 하고'가 문화의 기저에 자리 잡고 있다는 것입니다. 그리고 칼 마르크스가 발견하였듯이 '재물의 교환'이 인간 문화의 기저에 자리한 교환관계입니다. 부족사회의 물물교환에서 자본주의 경제에 이르기까지 모든 경

기업문화의 분석에서 변화에 이르는 과정

이 그림으로부터 기업문화의 비밀을 여는 네 개의 열쇠가 나옵니다.

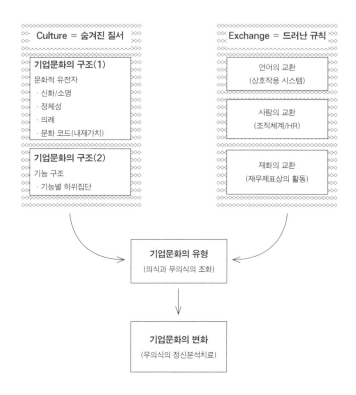

제 활동은 재물의 교환관계로 이루어집니다.[8]

　기업문화도 꼭 같습니다. 일반 문화에서의 Exchange를 '언어', '여성남성', '재물'의 삼중 교환체계로 보는 것이 구조주의의 프로그램이라면, 기업문화를 다루는 방법론에서는 경영상의 모든 활동을 '언어', '사람', '재화'의 교환체계로 볼 수 있습니다. 언어의 교환에는 기업의 모든 말과 담론, CI 등의 상징, 문서 체계, PT, 회의 등등이 해당할 것이고, 사람의 교환에는 채용, 평가, 이동, 퇴직, 조직도 등이 해당합니다. 화폐의 교환은 재무제표상의 모든 활동입니다. 인간의 모든 활동이 교환활동이라고 할 수 있다면, 기업에서의 Exchange 활동을 우리는 '경영상의 모든 활동'이라고 할 수 있습니다. 이를 줄여서 '경영활동'이라고 합시다.

　우리는 사다리를 계속 놓아가고 있습니다. 지금까지 올라온 것을 종합하여 기업문화와 경영활동, 즉 Culture와 Exchange의 그림을 한 단계 더 발전시켜 그려볼 수 있습니다. 한 사회가 문화 그 자체인 것처럼, 기업의 모든 활동은 왼쪽 그림과 같이 구조됩니다.

8

인간의 모든 활동을 교환관계로 파악하는 것은 구조주의 인류학의 전제입니다. "사회 혹은 문화를 언어로 환원하지 않고 우리는 이 '코페르니쿠스적 혁명'을 시작할 수 있다. 그 혁명은 사회 일반을 교환 이론의 견지에서 해석하는 것으로 구성될 것이다. 이 시도는 세 가지 층위들에서 가능하다. 왜냐하면 경제적 법칙들이 상품과 서비스들의 순환을 보증하는 데 봉사하는 것처럼, 언어 법칙들이 메시지의 순환을 보증하는 데 봉사하는 것처럼, 친족 및 혼인 법칙들은 집단들 사이에서 여자의 순환을 보증하는 데 봉사하기 때문이다." 클로드 레비스트로스 지음, 김진욱 옮김, 《구조인류학》, 종로서적, 1987, 82쪽.

비밀의 문을 여는 네 개의 열쇠

첫 번째 열쇠

기업문화의 유형

의식과 무의식의 조화 : 경영전략에 적합한 기업문화 찾기

· 기업문화의 유형을 분류하는 세 가지 기준은 사회적 응집력, 경영의 체
  계성, 교류의 정도이다.

· 이 세 가지 기준으로부터 여덟 가지 기업문화 유형이 구분된다.

· 여덟 가지 유형 속에서 기업문화는 진화 과정을 거치며 진화 과정에 따
  라 적합한 경영전략을 세운다.

두 번째 열쇠

기업문화의 구조(1) － 문화적 유전자

무의식의 힘 : 기업문화는 어떻게 형성되며 경영에 어떤 영향을
미치는가에 대한 해답

· 문화의 숨겨진 기원인 신화로부터 존재의 이유는 비롯된다.

· 무의식이 형성되는 것과 같이 동일시로 집단의 정체성이 형성된다.

· 정체성의 재생산은 의례가 담당한다.

· 재생산 및 진화 과정에서 문화 코드 혹은 내재가치가 형성된다.

세 번째 열쇠

기업문화의 구조(2) - 기능 구조

무의식의 역학 관계 : 사회 혹은 집단을 구성하는 기능들이 기업 문화에 어떤 영향을 미치는지에 대한 해답

· 무의식이 이드id(충동), 자아ego, 초자아super-ego로 구성되어 각 기능을 하는 것과 같이, 문화에는 그 문화를 구성하는 '기능 구조'가 있다.

· 자본주의 문화의 삼분할 기능 구조를 통해 기업의 하위 집단을 본다.

· 기능 구조와 사회적 응집력의 관계

네 번째 열쇠

기업문화의 변화

무의식의 정신분석 치료 : 기업문화가 변화되는 단계, 그에 따르는 저항을 처리하는 방법

· 모든 사람의 변화에는 '논리적 시간'이 따른다.

· 변화하는 과정에서 심리상 다섯 단계를 거친다.

· 변화하는 데 세 가지 저항이 발생하며 이를 해결한다.

차례차례 열리는 비밀의 문

이 책에서는 첫 번째 열쇠이자 가장 중요한 열쇠를 돌려볼까 합니다. 이 문이 열리지 않으면 다른 모든 문도 열리지 않습니다. 그것은 바로 '기업문화의 유형'입니다. 의식과 무의식이 조화를 이루어야만 건강한 삶이 가능하듯, 경영전략에 맞는 기업문화가 무엇인지를 아는 것이 중요합니다. 그리고 그 작업이 선행되어야 기업문화 자체를 해부하는 작업으로 나아갈 수 있습니다. 기업문화를 경영에 어떻게 이용할지에 대한 통찰을 얻는 것이 우리의 가장 근본적인 목적이기 때문입니다. '우리의 경영전략에 적합한 기업문화는 무엇일까', 거꾸로 '지금 우리 기업문화의 유형에 비추어 볼 때 어떤 경영전략을 가져가는 것이 효과적일까'라는 질문에 대한 실마리를 보이려 합니다. '문화를 다루는 과학'인 인류학적 방법론에 따라 몇 가지 유형으로 기업문화를 분류할 수 있고 그 안에는 특정한 패턴이 있음을 밝히고자 합니다. 사람으로 따지면 자기 체질을 알고자 하는 것이죠. 그 체질을 나누는 세 가지 기준에 기업문화의 비밀이 숨어 있습니다. 그리고 체질이 그러하듯 기업문화란 상대적이라는 사실을 인식할 때, 경영에 전략적으로 활용할 수 있음을 보이고자 합니다.

두 번째, 세 번째 열쇠는 기업문화 자체를 해부하는 도구입니다. 《기업문화 오디세이 2》에서 이를 다룰 것입니다.

여기서 저는 문화와 기업문화의 정의에 대해 더욱 심도 있게 얘기를 나눌 것입니다. 기업문화의 속살을 더 비집고 들어가려는 것이죠. 자신에게 적합한 기업문화의 유형을 알았으니 그 유형의 기업문화가 어떻게 만들어졌는지에 대한 비밀을 풀어야 할 테니까요. 그리고 유형에 맞추어서 변화를 시도해야만 하고요. 여기에는 종교학과 인류학의 성과가 짙게 배어 있을 것입니다. 신화와 의례, 문화 코드, 그리고 정체성에 대한 구조주의적 접근까지 시도해볼 것입니다. 이것은 기업을 움직이는 보이지 않는 힘, 즉 심층구조를 해부하는 작업의 핵심입니다.

모든 문화의 심층에는 그 문화가 굴러가게 해주는 핵심 기능들이 있습니다. 내부의 구성 요소들이 어떤 역학 관계를 갖고 있는가를 봄으로써 한 문화권을 분석할 수가 있습니다. 이를 위상학topology이라고 합니다. 예컨대 자본주의 '경제 체제'는 자본가와 노동자로 나눌 수 있지만 자본주의 '문화'는 생산자, 전사, 성직자의 기능 구조로 나눌 수 있습니다. 유교문화권에서는 문인士-농민農-장인工-상인商으로 구조되어 있겠죠. 그런데 만일 유교

문화권에서 자본주의 문화의 기능 구조가 적용된다면 그 사회는 무너지겠죠. 이처럼 특정한 기업문화에도 그에 적합한 기능 구조가 있고, 그 기능 집단들의 역학 관계를 어떻게 가져갈 수 있을까를 같이 고민해보겠습니다. 비교신화학과 인류학, 특히 조르주 뒤메질George Dumezil의 성과를 계승할 것입니다.

네 번째 열쇠는 기업문화를 변화시키는 열쇠입니다. 《기업문화 오디세이 3》에서 기업문화의 변화 방법론과 함께 다양한 변화 사례를 다룰 것입니다. 기업의 정신분석이라고나 할까요? 기업문화의 비밀을 풀었으면, 이제 사람들을 변화시켜야겠죠. 그것도 개인이 아닌 집단으로서의 사람들을 말이죠. 정신분석학이 개인의 삶의 변화를 시도하는 이론이듯 기업 구성원들의 변화에도 어떤 방법론이 필요할 것입니다. 변화에는 물리적 시간과는 다른 개념의 시간, 즉 '논리적 시간'이 있어야 하며, 그 논리적 시간은 특정한 단계를 밟아나갑니다. 각 단계별로 관리가 필요한 것이죠. 그리고 변화 관리에 따르는 저항을 어떻게 다룰까에 대한 문제도 같이 나누어보도록 하겠습니다. 저항의 차원을 세 가지로 분류하는 것이 유용함을 보이고 거기에 따른 대응 방법을 소개하겠습니다. 구조주의적인 접근법과 함께 프로이트와 자크 라캉 등 정신분석학자들의 이론을 응용하게 되겠네요.

체질을 아는 것에서부터 해부, 그리고 수술에서 관리까지 모든 과정을 다루었군요. 하지만 무언가 부족합니다. 바로 '임상 사례'입니다. 되도록 많은 컨설팅 실례들을 간접적으로나마 경험하게 해드렸으면 합니다. 제 '스승님과 사제들'의 회사가 컨설팅을 한 프랑스 기업들의 사례와 함께, 제가 직접 관찰하고 컨설팅한 기업들과 조직들의 흥미로운 이야기들을 들려드릴까 합니다. 여기에는 기업문화의 유형론, 심층 구조, 기능 구조, 그리고 변화 방법론까지 모든 것이 체계적으로 적용되는 모습을 보게 될 것입니다.

네 개의 열쇠는 하나의 열쇠

—

네 개의 열쇠가 모두 각각의 방향에서 기업문화의 비밀을 풀려 하고 있습니다. 지금까지 저와 함께한 작업의 과정은 '전체'를 보려는 것이었습니다. 환원론과 독단론을 거부하는 것이 가장 기본이었듯이, 문화는 어떤 하나의 측면에서만 보면 아무것도 볼 수가 없습니다.

그러나 하나를 제대로 보면 모두를 볼 수 있는 것이 바로 문화이기도 합니다. 참으로 신기한 경험입니다. 마치 어떤 시인이 꽃잎에 맺힌 이슬 한 방울에서 우주를 보듯이 말이죠. 굳이 시인이 아니더라도, 네 개의 열쇠를 써서 기업문화라는 비밀의 문을 열게 되면 그 열쇠는 하나가 됩니다. 기업문화의 유형을 볼 때 기업의 신화와 유전자를 같이 보지 않을 수가 없고, 또한 기업의 기능 구조를 함께 고려하지 않을 수가 없으며, 그로부터 변화의 방법을 이끌어내게 됩니다. 나중에 우리는 하나의 열쇠 안에 다른 열쇠들이 같이 들어 있음을 보게 될 것입니다.

이제 열쇠 하나를 들고 길을 떠날 때입니다. 준비물은 이미 다 챙겼습니다. 이 비밀의 문 앞에까지 이른 길고 긴 첫걸음 안에

다 있었습니다. 하지만 노파심에 준비물 하나만 더 말씀드리겠습니다. 그것은 '하늘을 나는 새의 눈'과 '땅 속을 파고드는 두더지의 발'입니다.

우리가 지금부터 세상을 바라보는 눈은 하늘을 나는 새의 눈이어야 합니다. 가치 판단 없이 상대주의 시각을 유지해야 합니다. 동시에 하나가 아닌 전체를 보아야 합니다.

그러기 위해서는 역설적으로 땅속을 파고드는 두더지의 발이 필요합니다. 문화는 무의식과 같은 심층 구조라 하였습니다. 그 속으로 들어가 파고들고 또 파고들어야 어느 순간 보이는 법입니다. 특히 기업문화의 변화는 그렇게 이루어져야 합니다.

자, 이제 기업문화의 비밀을 여는 첫 번째 열쇠, '기업문화의 유형'을 손에 쥐고 돌려보겠습니다.

매 트 릭 스 는
하 나 가
아 니 다

〈매트릭스 2 - 리로디드reloaded〉에서, 네오는 매트릭스의 비밀과 자신의 존재 이유에 대한 의문을 풀기 위해 매트릭스의 기원인 소스source를 찾아갑니다. 그곳에서 매트릭스의 설계자 아키텍트architect를 만납니다. 우리도 네오를 따라 기업문화의 비밀을 찾아내기 위해 기업의 기원으로 찾아 들어가게 될 것입니다. 거기에 숨겨진 신화와 그로부터 비롯된 소명과 기업문화를 구성하는 유전자들이 있으니까요. 여기서 네오는 충격적인 말을 듣습니다.

"최초의 매트릭스는 완전했지."

아니, '최초의 매트릭스'라니요? 현재 자신이 살아가고 있는 매트릭스가 유일한 것이 아니라니요? 네오는 알게 됩니다. 지금의 매트릭스는 몇 개의 매트릭스 가운데 하나였다는 사실을요. 다른 매트릭스가 존재

매트릭스의 설계자 아키텍트

했던, 혹은 존재하고 있던 것이었습니다. 다른 매트릭스들에 연결되어 있던 사람들은 네오의 매트릭스와는 전혀 다른 방식의 삶을 살아가고 있었습니다. 영화의 숨겨진 의미를 찾아 해석해보건대, 〈매트릭스〉 1편에서 스미스 요원이 모피어스에게 했던 말에서도 보이는데요, 어떤 매트릭스에서는 사람들의 갈등이 없고 아주 평화로운 공동체의 모습을 띠었을 것이고, 또 어떤 매트릭스에서는 갈등과 분열이 삶의 지배적인 형태였을 것이고, 또 다른 매트릭스에서는 사람들이 그냥 기계처럼 명령받은 대로만 움직였을 것입니다. 각각의 매트릭스가 각각의 특성을 갖고 있었던 것이죠.

앞에서 매트릭스를 문화의 은유라고 하였습니다. 여기서 기업문화를 분석하는 두 가지 시사점을 얻을 수 있습니다. 우선, 하나의 기업문화는 시간의 흐름에 따라 진화해간다는 것이고, 어떤 질적인 전환의 시점에서 마치 끓는점에서 물이 끓어 수증기가 되는 것처럼 전혀 다른 기업문화로 바뀔 수 있다는 것입니다. 이전의 매트릭스와 지금의 매트릭스 안에 존재하는 사람들이 다른 형태의 삶을 사는 것처럼 말이죠. 대규모 M&A라던가 내부의 강도 높은 혁신을 거친 후에 기업문화가 바뀌는 경우가 그 예입니다.

또 하나는, 기업문화도 여러 다른 형태가 존재한다는 사실입니다. 어쩌면 너무 당연한 얘기입니다. 티베트의 문화와 미국의 문화가 당연히 다른 것처럼 말이죠. 하지만 우리는 기업에 대해 문화를 얘기할 때는 유독이 '다름'을 잊고는 합니다. 기업마다 존재하는 다양한 문화들을 어떤 특정한 형태에 따라 유형화해볼 수 있다면, 기업문화의 비밀을 한 꺼풀 더 벗겨낼 수 있지 않을까요?

2

전략에 적합한 기업문화 찾기

:

기업문화의 유형론

사람은 체질, 기업은 유형

　혹시 한의학 중에 사상의학四象醫學에 대해 아시는 바가 있는지요? 사상의학에서는 사람의 체질을 네 가지로 나누고 있습니다. 우선, 양陽인과 음陰인으로 나누고 태太인과 소小인으로 나누어서, 태양인 · 태음인 · 소양인 · 소음인 이렇게 넷으로 나누죠. 태양인은 열이 많고 다혈질이고, 소음인은 몸이 차고 조용한 성격이고……. 알아두면 건강을 유지하는 데 무척 도움이 될 겁니다. 각 체질별로 맞는 음식과 맞지 않는 음식이 있고, 체질에 적합한 운동 방식도 따로 있더라고요. 예를 들어보죠. 몸에 좋은 거라고 해서 (몸에 열이 많은 체질인) 태양인에게 (몸을 뜨겁게 하는 기능이 있는) 인삼을 계속 먹이면 어떻게 될까요? 훌륭한 한의사는 그런 처방을 내리지 않을 것입니다. 태양인에게는 그 체질에 맞는 음식과 생활 방식이 있을 테니까요. 사람의 체질을 알면 그에 적합한 처방을 내릴 수 있고 체질에 맞는 생활 방식을 설계할 수 있겠죠.

　이처럼 사람의 체질을 나눌 수 있듯이 기업문화도 특정한 유형으로 분류할 수 있습니다. 체질을 알면 그에 적합한 생활 방식을 찾을 수 있듯이, 기업문화의 유형을 알면 그 기업에 적합한 발전 방향을 알 수 있습니다. 또한 역으로, 기업의 목표, 더 큰 의미에서 기업의 비전을 실현하는 데 현재 기업의 문화적 체질이 그에 적합한지 아닌지에 대한 통찰을 얻을 수 있습니다. 농구선수의 체질인데 자꾸 역도 금메달을 목표로 한다면 뭔가 대책이 필요하지 않겠습니까? 체질을 바꾸거나 종목을 바꾸거나 말이죠.

기업문화의 유형을 알면, 현재의 기업문화에 적합한 처방, 즉 정책과 시스템에 대한 통찰을 얻을 수 있습니다. GE나 삼성의 정책, 시스템이 자기 회사의 기업문화에 맞는지 아닌지도 모르면서 글로벌 기업의 것이니 무조건 좋다고 생각하고 있지는 않은가요? 얘기했듯이, 태양인에게 인삼을 계속 먹이면 역효과만 나지 않을까요? 기업에서 그 역효과는 왜, 어떻게 날 수 있는지, 그리고 자신의 기업문화에 가장 적합한 처방은 어떤 것이 있을지 이제 하나하나 살펴보도록 하죠.

기업 유형을 나누는 세 가지 기준

⎯

우선, 기업문화의 유형을 분류하는 기준부터 이해해야 합니다. 기업문화의 첫 번째 열쇠는 세 개의 축을 가지고 있습니다. 바로 1)사회적 응집력 2)교류의 정도 3)경영의 체계성입니다. 이 세 개의 축에 따라 기업문화의 유형을 분류하면 옆의 그림과 같습니다.

1) 사회적 응집력

사람들을 '모아서' 생존하게 해주는 힘입니다. 바로 문화의 가장 근본적인 기능이죠. 이를 '사회적 응집력social cohesion'이라고 부르기로 합시다. 다른 말로는 구심력으로 이해해도 되겠습니다. 안으로 모이려는 성질이 강하면 구심력이 강한 것이고, 밖으로 나가려는 힘이 강하면 원심력이 강하다고 할 수 있습니다. 그렇다면 응집력이 강한 조직에서는 사람들이 안으로 모이려는 성향이 강하다고 볼 수 있겠죠? 자, 다시 그림을 보십시오. 좌표 왼쪽의 네 가지 유형이 그러합니다.

그렇다면 사회적 응집력은 어떻게 형성되며, 응집력이 강하고

세 개의 축에 따라 기업문화는 여덟 가지 유형으로 분류할 수 있다

출저: Marc Lebailly, Alain Simon, *Pour une anthropologie de l'entreprise,* Village Mondial, 2007.

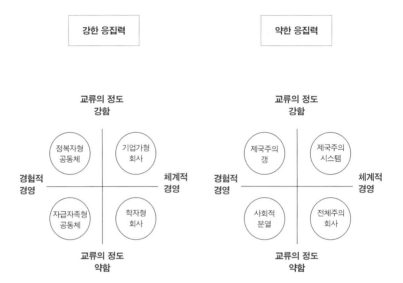

약한지는 어떻게 알 수 있을까요? 바로 '기업의 무의식의 구조', 즉 '기업문화의 구조'를 보면 알 수 있습니다.

신화myth는, '사람들의 머릿속에 자리 잡고 있는, 자기 집단의 기원과 역사'라고 말할 수 있습니다. 더욱 정확히 말하자면, 신화란 우주의 모든 현상이 지금 왜 이런 모습으로 존재하는가를 그 집단만의 방식으로 납득하는 이야기입니다. 실제 역사와 일치하건 그렇지 않건 간에, '지금의' 사람들이 자신들이 어디서 왔고, 우리 회사는 왜 이 사업을 하고 있는가를 '이야기로' 설명하는 방식입니다.

인류학적 발견에 따르면 모든 인간 집단은 신화를 갖습니다. 인간 집단의 하나로서 기업도 예외가 아닙니다. 그리고 그 집단의 사람들은 그 신화에 따라 '살아갑니다.' 이 사실로부터 인간의 의식 구조는 기본적으로 '신화적 사고'[9]를 하게 되어 있다는 가설을 유추할 수 있습니다. '무질서를 참을 수 없는 존재로서의' 인간은 자신을 둘러싼 모든 현상을 '총체적으로 납득 가능한 이야기로 구성하려는 욕구'를 가지고 있고, 그렇게 세상을 이해하는 방식이 바로 신화라는 것입니다.[10] 신화는 사실로서의 역사와

9
레비스트로스는 인간의 이러한 보편적 사고를 '야생의 사고la pensée sauvage'라 하였습니다.

10
신화적 사고의 목적은 되도록이면 빠른 방법으로 우주에 대한 전반적인 이해 ─ 전반적인 이해일 뿐만 아니라 총체적인 이해이기도 합니다 ─ 에 도달하는 것입니다. 그러한 사고방식은 우리가 모든 것을 이해하지 못하면 아무것도 설명할 수 없다는 것을 암시해줍니다. 과학적인 사고방식이 작용하는 방식과는 정반대입니다. 과학적인 사고는 한 걸음 한 걸음 앞으로 나아가면서 매우 한정된 현상만을 설명하려고 합니다. 그런 다음에야 또 다른 종류의 현상을 설명하려 시도하고, 계속해서 그런 식으로 나아갑니다. 데카르트가 말했다시피, 과학적인 사고는 어떤 난제를 해결하기 위해 필요하다면 가능한 한 그것을 많은 부분으로 나누는 것을 목적으로 합니다. 레비스트로스 지음, 임옥희 옮김, 《신화와 의미》, 이끌리오, 2000, 42~43쪽.

는 다릅니다. 역사도 인간의 머릿속에 자리 잡을 때는 신화의 방식으로 자리 잡게 됩니다. 자, 일단 여기까지만 이해하고 넘어가면 되겠습니다. 우리는 앞으로 기업에서의 신화의 힘과 그것을 기업의 경영에 어떻게 응용할지에 대해 여러 사례를 살펴보게 될 테니까요.

신화로부터 한 집단의 소명vocation이 비롯됩니다. 소명은 '존재의 이유'입니다. 기업으로 따지자면 '왜 하필 이 사업을 하고 있는가에 대한 이유'입니다. 예컨대 숲을 관리하는 회사가 있다고 해보죠. 이 회사가 '숲을 훼손하려는 외부의 침입자로부터 숲을 수호하기 위해' 자기들은 존재한다고 생각하는 것과 '보다 많은 사람들이 숲의 아름다움을 체험하게 하기 위해' 자신들이 일한다고 생각하는 것과는, 그 사업의 방향에서 하늘과 땅만큼의 차이를 가져올 것입니다. 일반적으로 특정 소명을 강하게 공유하는 기업은 사회적 응집력이 높다고 할 수 있습니다.

이 소명을 살아가는 사람들은, 오랜 세월 동안 외부의 자극에 대한 반응을 반복하면서 특정한 행동의 패턴을 형성하게 됩니다. 이를 문화 코드culture code 혹은 내재가치inner value라고 할 수 있습니다. 위에서 본 숲을 관리하는 회사의 경우를 예로 들자면, 전자의 경우 그 패턴상 보호protection, 독점exclusiveness 같은 코드를

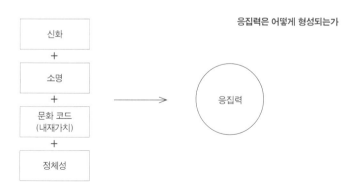

응집력은 어떻게 형성되는가

신화
+
소명
+
문화 코드
(내재가치)
+
정체성

→ 응집력

강하게 갖게 될 가능성이 높습니다. 이 문화 코드가 강하게 나타나면, 즉 사람들의 행동 패턴이 굉장히 유사하게 나타날 경우, 일반적으로 사회적 응집력이 높다고 할 수 있습니다.

신화와 소명으로부터 정체성identity이 형성됩니다. '스스로 자신이 누구인가를 납득하기'가 바로 정체성의 형성 과정이라고 할 수 있습니다. 이는 다양한 심리적 과정을 거칩니다. 이 과정을 분석하면 정체성과 관련한 여러 문제점을 밝혀낼 수 있습니다. 그리고 이를 경영에 다양하게 활용할 수 있습니다. 그 자세한 방법에 대해서는 다음 기회에 다루기로 하고, 여기에서는 '정체성을 강하게 인식하고 있으면 사회적 응집력이 높다고 할 수 있다'는 점만 짚고서 넘어가도록 합시다.

응집력이 강한 조직에서 사람들은 기업문화의 영향을 강하게 받습니다. '저 회사는 자기들만의 문화가 강해'라는 얘기를 가끔 하곤 하죠? 그렇습니다. 응집력이 강한 조직은 기업문화가 강하게 작용하고, 그 기업문화가 구심점을 형성합니다. 구심력의 핵심에 신화와 소명이 자리하는 것입니다. 그러므로 기본적으로 소속감이 강하다고 할 수 있습니다. 그리고 사람들은 자기가 속한 조직 자체의 존속을 중요하게 생각합니다. 이직률도 낮기 마련입니다. 본인이 속한 문화에 자발적으로 동의하고 그에 젖어 있기 때문에 쉽게 이직을 하지 않습니다.

기업문화를 기업의 무의식이라 정의했던 것 기억하시죠? 기업문화가 강하게 영향을 미치므로 사람들은 특정한 무의식의 보이지 않는 힘에 따라 비슷한 행동 패턴을 보입니다. '척 보면 우리 회사 사람'이라는 걸 알 수 있으며 다른 회사 사람들과 같이 있을 때에도 쉽게 구분이 갑니다.

이와 달리 응집력이 약한 조직은 구심력이 약하다고 할 수 있습니다. 응집력은 문화의 가장 기본적인 속성 ― 사람들이 모여서 집단으로 생존하게 하는 역할과 관계가 깊다고 하였습니다. 그렇다면 응집력이 약한 조직은 '기업문화의 영향이 약하다'라고도 얘기할 수 있겠습니다. 조직이 추구하는 어떤 문화적인 요소들, 즉 신화로부터 비롯된 소명 등에 영향을 받기보다는 개인의 이익에 따라 움직이는 경향이 강합니다. 그렇기 때문에 '안으로 모이려는 성질이 약한' 사람들을 기업이라는 한 집단 안에서 움직이게 하기 위해서는 시스템이나 규칙, 제도에 의존해야 합니다. 기본적으로 소속감도 약할 수밖에 없습니다. 굳이 지금의 회사가 아니더라도 다른 회사로 쉽게 이직을 하려고 합니다. 그러므로 회사는 개인의 이익을 충족시키면서 개개인의 능력을 최대한 끌어내어 이를 이용하는 정책을 써야겠죠. 요컨대 사람들

73

이 문화에 의해 구심력을 형성하기 어렵기 때문에 사람들의 이탈을 방지하고 같은 행동 패턴을 만들기 위해 많은 제도와 법규가 있어야 하며, 고도의 시스템이 발달하게 됩니다. 규약과 시스템이 있어야만 사람들을 '묶어놓을' 수 있을 테니까요. 응집력이 강한 조직은 '이심전심'으로 움직이는 데 반해 응집력이 약한 조직은 법규에 따라 움직인다고 볼 수 있습니다.

응집력 있는 조직과 그렇지 않은 조직은 진흙과 모래의 차이에 비유할 수 있습니다. 진흙은 점성이 있어서 잘 떨어지지 않죠. 이 점성이 곧 응집력입니다. 진흙의 입자들은 곧 기업 구성원들입니다. 진흙을 네모꼴로 빚어놓으면 네모꼴로 모양을 쉽게 유지합니다. 진흙 입자들은 잘 떨어지지 않고 끈끈하게 붙어 있지요. 하지만 진흙은 한번 굳어버리면 그 모양을 바꾸기가 여간 어려운 게 아니죠. 응집력이 강한 문화도 마찬가지입니다. 사람들에게 한번 굳어진 문화는 여간해서는 잘 바뀌지가 않습니다.

모래를 손에 쥐어보셨나요? 손가락 사이로 스르르 빠져나가 버리죠. 응집력이 약한 기업에서 사람들은 이렇게 쉽게 이탈합니다. 그러므로 어떤 틀이 있어야만 특정한 형태로 오래 유지될 수 있습니다. 틀이 원뿔 모양이면 원뿔 모양의 기업문화가, 틀이 사각형이면 사각형 모양의 기업문화가 만들어진다고 할 수 있습니다. 그러므로 응집력이 약한 기업문화에서는 모래알같이 흩어지려는 사람들을 일관되게 움직이게 할 튼튼한 시스템이나 제도가 필요한 것입니다. 그러나 진흙이 굳어버리면 모양을 바꾸기가 어려운 반면, 모래는 틀만 바꾸면 금방 다른 형태로 가져갈 수 있죠. 어떤 특정한 문화의 힘이 약하기 때문에 시스템만 바꿀 경우 사람들을 그 시스템에 맞춰 행동하게 만들기가 쉽습니다.

  나름 장단점이 있죠? 그렇습니다. 응집력이 강하다고 무조건 좋다고 볼 수만은 없습니다. 물론 응집력과 그로부터 비롯되는 소속감은 기업의 큰 자산임이 분명합니다. 하지만 전략적 상황에 따라 때로는 응집력이 큰 장애가 되기도 합니다. 예를 들어볼까요? 새로운 사업에 진출하려는 회사가 있습니다. 그런데 기존의 문화가 너무 강해 사람들이 예전의 행동 방식으로만 움직이려 할 때에는 강한 응집력이 오히려 장애가 되겠죠. M&A에 따르는 부작용도 심할 것이고요. 한 예가 더 있는데요, 그 문화의 사람들이 창업신화로부터 비롯된 어떤 소명에 헌신하는 것이 아니라 자기 조직의 생존 자체만을 목적으로 똘똘 뭉쳐 있는 경우입니다. 이는 기업문화 유형 좌표에서 왼쪽의 네 가지 유형 중 '학자형 회사'에 해당 하는 것인데요, 관료주의에 빠질 위험도 큽니다. 흔히들 '철밥통'에 비유하지요.

기업문화의 비밀을 푸는 이 여행의 지참물이 바로 '상대주의'의 원칙입니다. 특히 기업문화의 유형론에서는 이 원칙의 등불을 더 밝게 해야 합니다. 문화를 바라보는 데 '옳고 그름'은 없습니다. 다만 '적합하고 적합하지 않음'만 있을 뿐입니다.

2) 교류의 정도

앞서 기업문화를 정의할 때로 돌아가 봅시다. 인류학적 가설에 따라, 한 인간 사회는 '교환관계'를 통해 성립된다고 했습니다. 언어상징의 교환 그리고 여성남성의 교환, 재화의 교환 등등이 인간 사회를 성립시키는 원리라고 했었죠. 그것을 Exchange의 영역으로 나누어 Culture의 영역과 한 시공간에 같이 존재함을 보았죠. 정신분석의 도식을 빌려 그것을 빙산에 비유하기도 했습니다. Culture는 수면 아래에, Exchange는 수면 위에 있으며 교류, 상호작용을 모두 포함하는 교환관계를 통틀어 Exchange라 부르자고 하였습니다. 여기에선 어감상 Exchange를 '교류'로 일컫도록 하겠습니다.

모든 집단은 외부와의 교류를 전제로 합니다. 그리고 내부에서 서로 교류하지 않으면 인간은 살아갈 수가 없습니다. 기업은 더 말할 필요도 없겠죠. 시장과의 정보 교류, 내부에서의 의사소통 없이 사업을 할 수 있을까요? 말도 안 되죠. 이처럼 기업이 존재하는 필수 요건인 교류의 정도가 강하냐 약하냐에 따라 기업 문화의 유형을 나눌 수 있습니다.

교류의 정도를 다른 말로 개방성의 정도로 이해해도 좋겠습니다. 교류의 정도에 따라 '개방적인 조직이냐, 폐쇄적인 조직이냐'로 나눌 수 있는 것이죠. 저 사람은 개방적이야, 저 사람은 폐쇄적이야, 라고 흔히 얘기하곤 하죠? 기업도 마찬가지로 생각하면 이해가 쉬울 겁니다.

교류가 잘 이루어지는 조직, 즉 개방적인 조직은 외부의 환경 변화에 대한 정보가 내부로 쉽게 들어옵니다. 자신의 제품이나 서비스가 시장에서 어떤 반응을 얻는지에 대해 민감하며, 그 반응에 따라 스스로를 변화시켜나갑니다. 내부에서의 정보 교류도 원활합니다. 부서간 벽이 낮으며, 문화건 시스템이건 공동의 정보 공유를 가능하게 하는 어떤 장치가 있습니다.

이와 달리 교류의 정도가 약한 조직, 즉 폐쇄적인 조직은 '진리는 내부에 있다'는 생각의 패턴이 강하게 자리하고 있습니다. 고객의 목소리, 시장의 환경 변화보다는 기존의 기술, 노하우, 명령에 우선순위를 둡니다. 외부의 정보가 원활하게 내부로 들어

올 수 있는 장치가 없는 경우가 많으며, 외부에서 정보가 들어와도 이를 왜곡하는 경향이 있습니다. 고객과 시장이 요구하지도 않는 첨단 기술을 열심히 개발하고선, 그 기술을 보유하고 있다는 사실 자체에 만족하는 경우가 전형적으로 이에 해당합니다. 내부에서도 정보 교류가 원활하지 않습니다. 부서간 벽이 높고 의사 결정 체계가 주로 수직적입니다. 위만 보고, 옆을 보지 못하니 교류의 속도와 양이 줄어들 수밖에 없는 것이죠.

여기도 상대주의 원칙은 그대로 적용됩니다. 교류의 정도가 낮다고 해서 무조건 안 좋은 것만은 아닙니다. 물론 개방적인 조직이 훨씬 장점이 많습니다. 상식적으로 생각해봐도 폐쇄적인 조직이 크고 훌륭한 기업, 특히나 글로벌 기업이 되는 건 정말 어렵겠죠. 하지만 이런 경우는 어떨까요? 북한처럼 정권의 유지 자체가 주요한 목적이라면요? 전략적으로 폐쇄적인 문화를 유지해야만 할 겁니다. 급속한 개방은 붕괴를 의미할 테니까요. 이 경우는 기업문화 유형 좌표에서 오른쪽의 '전체주의 회사'에 해당합니다. 또한, 지금까지 이 사회에는 없던 다른 사상과 신념, 신기술로 사업을 시작하는 경우, 외부의 말을 곧이곧대로 다 들으면 사업 자체를 시작할 수 없겠죠. 다들 절레절레 고개를 저을 테니까요. 이 예는 바로 왼쪽의 '자급자족형 공동체'에 해당하는 데, 이 경우에도 폐쇄성이 오히려 장점이 될 수 있습니다. 이처럼 Exchange 영역에 속하는 '경영전략'에 따라 그에 적합한 문화가 있고 그렇지 않은 문화가 있을 뿐 절대적으로 옳은 기업문화란 없습니다.

3) 경영의 체계성

한 집단 내에는 늘 어떤 사건이 생기게 마련입니다. 외부에서 자극이 주어지건 내부에서 교류하면서 발생하건 간에, 사건에는 항상 그에 대한 대응이 따를 것입니다. 예를 하나 들어볼까요. 기업으로 따지자면 채용도 한 사건이 될 수 있겠죠. 결원의 발생을 예측하여 사람을 모집하고 평가해서 채용하는 프로세스가 정립되어 있어서 그것이 체계적으로 이루어지는 기업이 있는 반면, 술자리 같은 데서 뜻이 통해 "우리 같이 일합시다. 내일부터 출근하세요"라고 해서 바로 채용이 이루어지는 곳도 있을 것입니다. 전자는 채용이라는 사건에 대한 대응이 체계적이고, 후자는 경험적이라고 볼 수 있겠습니다. 후자처럼 술자리에서 좋은 사람을 발견한 경우에도, 체계성이 높은 회사에서는 공식적인 절차를 거쳐서 채용이 이루어지겠죠. 기업문화 유형 좌표에서는 수직 축의 오른쪽이 경영의 체계성systemicity of management이 높습니다.

영업 방식 같은 것도 마찬가지입니다. 모든 영업 사원들이 공통의 매뉴얼에 따라 고객을 응대하고 물건을 파느냐, 아니면 개개인의 경험과 능력에 따라 각기 다른 방식으로 고객을 응대하고 판매하느냐의 차이입니다. 고객의 클레임을 처리한다던가, 협력 업체를 선정하는 일도 '사건'에 해당한다고 말할 수 있겠습니다. 같은 종류의 사건들이 발생할 때, 그것을 처리하는 메커니즘이 늘 같은 방식으로 이루어지면 체계가 확립된 것이고, 매번 다른 방식으로 이루어지면 체계가 자리를 덜 잡았다고 볼 수 있습니다. 후자의 경우, 그때그때 필요에 따라 경험적으로 이루어지는 수가 많죠.

백 퍼센트 대응되는 것은 아니겠지만, 보통 기업의 규모가 커가면서 시스템과 여러 제도들을 갖추어나가기 마련이기 때문에, HR 관점에서 볼 때 으레 체계성이 높은 기업이 조직 규모도 크다고 할 수 있습니다. 이 부분은 꼭 기억해주세요. 뒤에서 우리는 여러 기업의 사례를 살펴보면서, 기업이 규모가 커지면서 체계성을 갖추기 위해 여러 제도와 시스템을 도입할 때 기업문화의 유형을 고려하는 일이 얼마나 중요한지에 대해 살펴볼 것입니다.

이 문제만으로 밤을 샐 수는 없을 터, 세 개의 축에 대한 설명은 이만 마칠까 합니다. 이제 세 개의 축을 기준으로 볼 때 여러분 회사는 어떠한지 하나하나 짚어보세요. 응집력이 강한지 약한지 우선 따져보시고, 다음으로 교류의 정도가 어떠한지, 즉 개방적인지 폐쇄적인지 보시고, 마지막으로 경영이 체계적으로 이루어지는지 따져보십시오. 이 문제는 밤을 새셔도 좋고, 며칠 걸려도 좋습니다. 꼭 해보셔야 합니다.

자, 대충 감이 잡히셨나요? 여러분의 회사는 여덟 가지 유형 가운데 어디에 속하나요?

기업문화의 여덟 가지 유형

1. 사회적 응집력이 강한 기업문화

자급자족형 공동체 Autarkical Sect

많은 회사가 바로 자급자족형 공동체 유형으로부터 시작합니다. 어떤 특정한 신념이 있는 사람들이 모여 '세상에 무언가를 새롭게 선보이겠다'는 생각으로 사업을 시작하게 됩니다. 앞에서 보았던 '소명'을 벅찬 가슴에 안고 일을 벌이는 상태라고 할 수 있죠. '자급자족형'이라는 말이 암시하듯 어두컴컴한 자취방 안에 모이거나 조그만 사무실을 임대하기도 하고, 창고에 모여 꿍꿍이를 꾸미거나 하기도 하지요.

애플의 시작을 예로 들어보면 쉽게 이 유형을 이해하실 것 같습니다. 1970년대, 스티브 잡스와 스티브 워즈니악 두 사람은 불가능해 보이는 꿈을 꿉니다. '사람들의 책상 위에 손 위에 컴퓨터를 놓게 하자!' 그리고 그 꿈을 실현하기 위해 차고를 하나 빌려 그 안에서 사업을 시작합니다. 대략 어떤 회사일지 머릿속에 떠오르시죠? 일단 거기까지면 되었습니다. 이러한 회사의 기업 문화의 유형을 가리켜 우리는 '자급자족형 공동체'라고 일컫기로 하고, 얘기를 진행하면서 이해를 심화해보도록 하죠.

유형을 분석하는 세 개의 축을 따라가봅시다.

먼저 가장 중요한 요소인 '사회적 응집력'을 보자면, 강한 신념을 공유하는 소수의 사람들이 모였으니, 뭐 길게 말할 것도 없이 응집력이 아주 강할 수밖에 없겠네요.

자신의 신념을 바깥으로 펼쳐 보이려는 사람들이 모였고 게다가 그 신념은 다른 사람들은 가지지 못한 아이디어라고 한다면, 외부와의 교류는 많이 일어날 수가 없겠죠. 아니, 많이 일어나서도 안 되겠죠. 외부의 소리와 의견에 대응한다기보다는 내부의 신념에 따라 움직여야 하는 것이죠. 만일 애플 창업 초기에 스티브 잡스가 "개인용 컴퓨터라니 그건 말도 안돼"라고 했던 외부 사람들의 말을 곧이곧대로 들었다면, 지금의 애플은 과연 탄생할 수 있었을까요? 자급자족형 공동체 유형의 회사는 이처럼 개방성이 약할 수밖에 없습니다.

다음 축은 뭐였죠? 네, 체계성입니다. 몇 사람이 모여서 꾸려가는 상태이니 경영의 체계성은 당연히 낮을 수밖에 없습니다.

'소리바다'를 기억하시나요? P2P라는 공유 시스템을 통해 모든 사람들이 자유로이 정보를 교환하게 하겠다는 신념으로 두 사람이 시작한 회사였죠. 기존의 거대 음반 시장과 영상 시장에 도전장을 내민 야심만만한 기획이었습니다. 그렇기에 내부의 신념은 더 커질 수밖에 없었고요. 그 발전 양상에서 많은 부침이 있었지만, 소리바다의 시작은 분명히 자급자족형 공동체 유형이었습니다.

벌써 눈치 채신 분들도 많이 있겠네요. 그렇습니다. 이 시기는 '신화의 시기'입니다. 기원에 도사리는 가장 큰 금기와 의무 체계가 형성되는 시기이죠. 맨 앞의 〈강의를 시작하며〉에서 말씀 드린 '원숭이와 바나나' 이야기 기억하시나요? 샹들리에에 걸려 있는 바나나를 따서는 안 된다는 최초의 금기가 형성되는 시기에 해당한다고 보시면 됩니다.

그렇다고 이 유형이 반드시 어떤 회사의 시작 단계에만 해당하지는 않습니다. 이런 모습으로 계속 회사를 유지해가는 경우도 있습니다. 주로 규모가 아주 작은 경우에 해당하겠지만요. 예를 하나 볼까요? 모든 회사가 다 클 필요는 없을 테니, 작은 회사를 경영할 때나 새로운 브랜드를 론칭할 때 염두에 두고 활용하시기 바랍니다.

어떤 공연기획사가 있는데요, 수많은 공연이 난립하는 현실에서, 숨어 있는 우리의 문화를 현대 문화와 결합하여 사람들에게 널리 알리고 즐기게 한다, 뭐 이런 취지의 신념을 가지고 창업한 회사입니다. 전통문화 분야에서 명망이 있는 한 인사가 창업자이고 이러한 신념에 동의한 제자 두세 명이 창업 멤버입니다. 실력이야 알아주는 사람들이었으니 인원을 늘리고 다른 공연기획 쪽에 손을 뻗쳐 돈을 더 많이 벌 생각을 할 수도 있었겠지만 그들의 신념에 어긋나는 일은 하지 않았습니다. 사실 다른 쪽 일을 했다고 하더라도 잘 되지 않았을 것입니다. 체질, 즉 기업문화에 안 맞았을 테니까요, 내부를 들여다보면 회사라기보다는 종교집단 같은 분위기를 풍겼습니다. 개성이 강한, 말하자면 정말 특이한 사람들이 자기들만의 언어를 쓰면서 모여 있는 상태였죠. 어찌 보면 참 가관이었습니다. 전형적인 자급자족형 공동체의 모습이었죠.

그런데 십수 년이 지난 지금도 창업 초기와 거의 똑같은 방식으로 운영하고 있습니다. 사람들은 거의 바뀌었지만, 조직 문화는 그대로 유지되고 있었고요. 물론 이제 이 기획사는 몽골 등 보다 넓은 시장에서 우리 문화를 알리는 사업을 조금씩 벌여가고 있지만, 여전히 자급자족형 공동체 유형을 그대로 유지해가고 있습니다. 그런데도 잘 나가고 있다니까요!

　그렇습니다. 많은 경우 자급자족형 공동체는 회사의 창업 초기에 해당하고 이후 진화의 과정에서 다른 유형으로 발전해가지만, 사업의 성격과 문화적 특성에 따라 계속 자급자족형 공동체를 유지할 수도 있습니다.

정복자형 공동체 Conquering Sect

　자, 차고 안에서의 구상은 이제 끝났습니다. 이제 차고의 문을 조금 열 때가 되었네요. 사람들을 만나 그들의 신념을 건네는 단계입니다. 차고 안에서 개발한 제품을 가지고 지금까지 소수의 고객들만을 만나왔다면, 이제 더 많은 고객들을 만나러 세상 밖으로 나갈 때가 된 거죠. '더 많은 고객을 만난다' 그리고 '나간다'고 하였습니다. 즉, 교류의 증대, 개방성의 증대를 의미합니다. 좌표에서 위쪽으로 조금 올라가겠네요?

　밖으로 나가서 이들이 하는 일은 무엇일까요? '정복자형 공동체'라는 이름이 암시하듯, 바로 '정복'입니다. 그렇다면 무엇을 정복할까요? 제품을 팔아 수익을 내는 것? 사업을 하는 기업체니 기본이겠죠. 하지만 이들의 근본적 목적은 신념의 전파, 혹은 그들의 신념이 담긴 제품과 서비스의 전파이고, 그들이 정복하려는 대상은 '신념에 동의하는' 고객입니다. 물론 그들의 신념도 조금 더 진화하였습니다. 창업으로 비롯된 소명에 더해 문화 코드가 일정 정도 형성된 것이죠. 예컨대 자급자족형 애플이 '회사에만 있는 대형 컴퓨터를 개인의 책상 위로!'라는 소명을 가졌다면, 그 소명을 실현하려는 일련의 집단생활을 통하여 정복자형 공동체로 진화하는 과정 속에서 '창의성', '혁신', '단순함의 추구', '즐거움' 등의 가치가 문화 코드로 자리 잡게 되었고, 이는 그들이 전파하고자 하는 신념의 한 부분이 된 것입니다.

정복의 대상이 고객의 신념뿐일까요? 아닙니다. 같이 일할 사람의 신념도 정복해갑니다. 더 많은 고객들을 만나려면 더 많은 양의 제품이 있어야 할 테니 일하는 사람들도 더 필요합니다. 하지만 그들의 신념에 동의하는 사람들만 일원이 될 수 있습니다. 애플에서 일하던 사람이 IBM으로 이직해 가는 경우를 상상해보세요. 그게 쉽게 일어날 일일까요?

맞습니다. 애플은 정복자형 공동체의 전형이라고 볼 수 있습니다. 애플의 고객은 '애플 마니아' 혹은 '왜 애플 마니아들이 있는지 이해 못하는 사람'으로 극단적으로 나뉩니다. 아이팟iPod 자체의 기능과 편리성은 다른 엠피스리 플레이어에 비해 많이 떨어질지 모릅니다. 그래도 애플 마니아들은 줄을 서서 삽니다. 애플을 한 번 산다는 것은 계속 사는 것을 의미합니다. 업그레이드 제품이 나올 날을 손꼽아 기다렸다가, 가지고 있지만 버전만 다른 물건을 또 삽니다. 왜냐하면 애플의 신념과 철학을 사는 것이기 때문이죠. 스티브 잡스의 신제품 발매 프레젠테이션은 애플의 신념을 전파하는 공간이고, 애플의 고객들은 그 동영상을 아이팟으로 보고 또 봅니다.

애플 입장에서도 당연히 자신들의 신념과 철학에 위배되는 제품을 취급하지 않습니다. 정복자형 공동체 유형 안에 철저히 머물러 있는 것이 가장 적합한 전략이라는 점을 본능적으로 알고 있는 것이죠. 예전에 이 유형을 벗어나려고 시도했다가 실패한 경험이 있기 때문입니다. 이 재미있는 이야기는 뒤에서 같이 보도록 하죠.

이제 '공동체'라는 개념에 대해 얘기할 때가 된 것 같습니다. 자급자족형 공동체와 정복자형 공동체, 이 두 유형에 저는 '공동체'라는 용어를 썼습니다. 의미상 영어 'sect'에 해당한다고 볼 수 있습니다.[11] sect는 종교학의 용어로서, 원래는 분파分派, 교파敎派의 의미, 즉 '종교적 공동체'를 뜻합니다. 특히 종교의 초기 형

이와 달리 ACG의 마크 르바이는 불어로 자급자족형 공동체를 Clan Autarcique로, 정복자형 공동체는 Entreprise Conqurante로 쓰고 있습니다. 즉 '정복자 회사'라는 의미로 표기하고 있죠. 그러나 공동체 유형의 구조와 그 작용을 고려할 때 sect가 더 정확한 의미라고 생각합니다. 이 점에 대해서는 마크 르바이도 동의하였고 ACG에서도 현재 sect라는 개념을 사용하고 있습니다.

태에 해당하는데, 막스 베버의 정의12에 따르면, '기존의 질서에 반하는 새로운 사상을 갖고 만들어지거나 거대 종교에서 분리되어 나온, 강한 결속력과 윤리 기준을 가진 공동체'라고 할 수 있습니다. 막스 베버의 이 정의를 기업문화의 관점에서 다시 해석하자면, '기존 질서에 반하는 새로운 사상'이 바로 창업 신화의 기본이 되는 소명인 것이고 '강한 결속력'은 사회적 응집력, '윤리 기준'은 문화 코드라고 할 수 있습니다.

공동체 기업문화에서 고도로 체계적인 시스템은 필요가 없습니다. 사람들은 시스템이나 성문화한 법규가 아니라 기업문화에 따라 움직입니다. 서로 동일한 신념을 공유하고 있기 때문에, 암묵적으로 동의하는 불문율이 강하게 존재하기 때문입니다. 사람들은 그러한 문화 코드에 의해 서로 비슷하게 행동하게 됩니다.

이제 공동체 유형에 대해 어느 정도 감이 잡히셨나요? 그렇다면 '아하, 공동체 유형의 문화를 가진 회사는 이렇게 경영해야겠구나' 하는 점도 추리해냈을 것입니다. 앞서 여러 차례 말했지만, 기업문화의 영역과 경영활동의 영역은 항상 쌍으로 붙어 다니는 것이고 서로 떼려야 뗄 수 없는 관계이기 때문에, 각 기업문화의 유형에 해당하는 경영전략상의 시사점이 있기 마련입니다. 앞으로 보게 될 여러 유형에서도 각각에 해당하는 경영전략상의

12
막스 베버에 따르면, 예수와 그의 제자들의 집단은 교회가 아니라 교파, 즉 sect였습니다. 기존의 유대교 질서에 반하여 그로부터 분리되어 나온 강한 종교적 공동체이지만, 체계를 갖추었다기보다는 예언자를 중심으로 모여든 소수의 열성적인 신도들로 구성된 집단이라는 점에서 그러합니다. Max Weber, *The Sociology of Religion*, Boston: Beacon Press, 1992.

시사점도 같이 다루겠습니다.

'공동체 유형'에서는 인원을 급격하게 늘리는 것이 좋지 않겠죠. 또한 신념을 공유하는 소수의 사람만을 채용의 대상으로 삼을 것입니다. 인사 기준에서도 수익 달성, 재무적 성과만을 기준으로 인센티브를 지급하지는 않을 것입니다. 고도의 HR 시스템이 필요할까요? 아니겠죠? 섣불리 복잡한 시스템을 도입한다면, 기존의 긍정적 문화가 급격하게 변질될 우려까지 있습니다. 이러한 부작용의 사례는 뒤에서 좀 더 살펴보도록 하죠.

공동체 유형의 기업에서는 한 분야에 국한하여 사업을 벌이는 것이 전략적입니다. 제품과 브랜드 라인도 몇 개로 집중해야 하죠. 만일 애플에서 매킨토시, 아이팟 말고도 TV, 김치냉장고, 청바지까지 판다고 상상해보십시오. 브랜드 라인을 확장해도, 말 그대로 그 라인line 안에서의 확장, 그리고 신념과 가치에 기반을 둔 확장이어야 합니다. 애플로 치자면 아이폰iPhone 정도로의 확장인 것이죠. 그 결과는요? '대박'이었죠.

마케팅 전략에서도 제품을 많이 팔기보다는 충성 고객을 확보하는 일에 집중하겠죠. 시장도 무리하게 개척하지 않을 것이고요. 유통 전략에서는 직영점 형태를 가져가는 쪽이 적합합니다. 용산의 수많은 상가에서, 하이마트에서, 그리고 동네 이마트에서도 아이팟을 판다고 생각해보십시오. 사고 싶을까요? 무언가 이상하지 않습니까?

대외 커뮤니케이션 전략은 어떻게 가져가야 할까요? 제품의 우수성이나 효능보다는 '그 제품이 추구하는 바'가 광고 홍보의 중심이 되어야 합니다. 기업 자체의 명성보다는 기업의 신념을 알리는 활동이 커뮤니케이션의 주된 방향이 됩니다.

이 밖에도 여러 시사점들이 있겠습니다만, 천천히 얘기해나가도록 하죠. 중요한 것은 암기가 아니라 이해니까요. 이해에는 시간이 필요하고요.13 다만 한마디는 꼭 덧붙여야겠습니다. 경영전략이 변하면 그에 따라 기업문화의 유형도 바뀌게 된다는 말입니다. 만일 경영전략에 변화를 꾀한다면 기업문화 유형을 바꾸는 방안을 '반드시' 같이 고려해야 한다는 뜻입니다. 위의 예들 가운데 하나를 끄집어내보죠. 만일 단일 브랜드로 사업을 하던 정복자형 공동체 유형의 기업이 여러 브랜드와 제품으로 확장하려 한다면, 그리고 그에 따라 많은 인원을 확충한다면, 정복자형 공동체 유형의 기업문화는 더 이상 적합하지 않습니다. 추구하는 신념을 포기하지 않고 집단의 응집력을 그대로 유지하면서 위와 같이 확장하고자 한다면, 바로 '기업가형 회사'의 유형으로 전환하는 것이 적절합니다.

13
'이해의 시간'은 어떤 심리적인 단계를 거칩니다. 어떤 새로운 사실을 받아들이고 그것을 행동으로 옮기는 것, 즉 '변화'가 이루어지기 위해서는, 부정, 분노, 죄책감 등의 저항을 거쳐 흥정, 체념, 실험으로 이어지는 일련의 단계를 거친다는 것이죠. 변화를 관리할 때 굉장히 중요한 방법론입니다. 이에 대해서는 '기업문화의 변화'를 다루게 될 《기업문화 오디세이 3》에서 자세히 보도록 하겠습니다.

기업가형 회사 Entrepreneurial Society

대문을 활짝 열어야 더 많은 사람들이 들어오는 법입니다. 더 많은 고객들과, 더 다양한 제품과 서비스로 만나려면 개방성을 높여야 합니다. 고객과 시장과의 교류가 증대되는 방향으로 진화해야 하는 것이죠. 기업가형 회사는 정복자형 공동체와 교류 개방성의 축에서 같은 쪽에 있지만, 개방성이 한층 높다고 보아야 합니다. 정복자형 공동체에서는 자신의 신념을 중심으로 하고 이에 동의하는 사람들만을 고객으로 삼았던 반면, 기업가형 회사에서는 잠재 고객의 욕구needs와 자신이 추구하는 신념을 조화시켜갑니다. 조화라는 말에서 보이듯, 기업가형 회사라고 해서 자신의 신념을 포기하는 것은 절대 아닙니다. 기업가형 회사 역시 창업 신화와 그로부터 비롯된 소명을 강하게 공유합니다. 사회적 응집력은 여전히 강하다는 말입니다. 소명과 핵심 가치를 훼손하지 않는 범위 내에서 다양한 브랜드 라인을 가지게 되는 것입니다.

그러나 기업이 추구하는 목표, 즉 미래의 비전이 소명만큼이나 내부에서 큰 힘을 발휘한다는 차이가 있습니다. 또한 더 크고 다양한 시장과 고객을 목표로 하기 때문에 경영의 효율성이 굉장히 중요하게 자리합니다. 그러므로 경영활동의 여러 프로세스를 표준화하게 됩니다. 즉, 경영의 체계성이 증대됩니다. 체계성에 대한 앞의 설명을 기억하시나요? 어떤 사건이 발생할 때 그것에 대한 처리가 일관되게, 즉 자동으로systematic 이루어지느냐 그렇지 않느냐에 따라 그 높고 낮음이 결정된다고 하였습니다. 표준화는 일관성과 자동화라는 개념과 일맥상통하겠죠. 좌표에서 오른쪽으로 이동하는 이유를 아시겠죠? 정복자형 공동체에서는 다양한 상황이 발생했을 때 주로 경험적인 방식과 직관에 의존했다면, 기업가형에서는 경험적인 방식 말고도 학문적 방식, 실용적 방식 등 직관보다는 이성적이고 합리적인 해결책을 추구합니다. 요컨대 기업가형 회사는 합리성에 기반을 둔 '목표 중심의 경영MBO: management by objective'을 추구합니다.

　'경영의 합리성'은 기업가형 회사를 설명하는 데 아주 중요한 포인트입니다. 정복자형 공동체에서 기업가형 회사로 진화한다는 것은 경영에서 '믿음'의 차원에서 '이성'의 차원으로 전환함을 뜻합니다. 막스 베버를 여기서 다시 불러내야겠네요. 베버는 기업을 중심으로 한 자본주의 경제 체제의 출현을 '합리성의 증대' 과정과 연관하여 논증한 바 있습니다. '경험적이고 변덕스러

움'에서 '합리적이고 일관됨'으로 이행하는 과정이 자본주의로
의 이행 과정이며, 이에 사상적으로 기여한 것이 종교 개혁 후의
프로테스탄티즘Protestantism, 특히 칼뱅의 사상Calvinism이라는 요지
입니다. 정복자형 공동체에서 체계성이 높아지는 방향으로, 즉
인접해 있는 오른쪽으로 이동하면 기업가형 회사 유형이 되죠?
문화적으로는 합리성이 증대했다는 의미입니다. 막스 베버의 종
교 진화론을 빌려 말하자면, '교파sect'에서 '교회church'로 진화한
것입니다. 사실 우리가 쓰고 있는 '공동체sect' 유형은 막스 베버
의 종교 개념인 '교파sect'로부터 빌려왔다고 앞에서 얘기한 바
있습니다. 그에게 교파란 예언자를 중심으로 모여든 열성적인
신도들로 구성된 집단입니다. 우리가 보았던 정복자형 공동체
개념과 아주 유사하죠? 이와 달리 교회는 교파의 지도자가 가
지는 카리스마가 일상화routinization의 과정을 거치면서 안정된 틀
을 갖추고 조직체의 지위와 기능들이 확정된, 즉 체계를 갖춘 종
교를 말합니다.[14] 이를테면 예수의 제자들로 구성된 집단이 선
교 활동을 벌이던 시기를 '정복자형 공동체'라고 할 수 있고, 이
후 로마의 공인을 거쳐 설립되고 교황과 수도사 체계를 갖추게
된 가톨릭은 바로 '기업가형 회사'라고 할 수 있습니다. 세 축을
기준으로 볼까요? '교회'로서 가톨릭은 굉장히 합리적이고 체

14
Max Weber, *The Sociology of Religion*, Boston: Beacon Press, 1992, pp.60~65 ; 오
경환,《종교사회학》, 서광사, 357쪽에서 재인용.

계적인 조직입니다체계성의 축에서 오른쪽. 그리고 하나의 특정한 신념
— 예수의 가르침 — 을 공유하는 집단이라는 점에서 응집력이 높
죠응집력의 구분에서 왼쪽. 그러나 기독교가 전 세계로 퍼지는 과정에서
각 지역의 문화를 받아들이며 다양한 형태로 진화하였으니, 이
는 교류가 증대하며 개방성이 높아진 것입니다교류의 축에서 위쪽. 좌
표에서 정확히 기업가형 회사와 일치합니다. 이 유형에 속한 회
사의 특성을 이해하는 데 좀 더 도움이 되셨는지요?

덧붙이자면, 기업가형 문화가 품고 있는 '합리성'이란, 이윤
추구를 위해 모든 인간적인 요소들을 수치화하는 '기계적인 합
리성'과는 거리가 있습니다. 자본주의라는 경제 체제는 단지 경
제만이 아니라, 그것이 탄생하게 된 사회적, 문화적 맥락과 동떨
어져서는 생각할 수 없습니다. 자본주의라는 개념 안에는 자본
주의가 발생한 유럽의 역사적이고 문화적인 조건들이 같이 녹아
있고, 그게 '원래 의미에서의 자본주의'라는 것입니다. 다시 말
하면, 자본의 무한 자유와 이윤의 극대화만을 목적으로 한다고
우리가 잘못 알고 있는 자본주의는 원래의 자본주의와는 다른
의미입니다.[15] 기업가형 회사의 합리성은 막스 베버가 얘기한 '자
본주의 정신', 즉 다른 지역이 아니라 하필 유럽에서 자본주의가
태동하게 된 그 배경이 되는 문화적이고 사상적인 조건이라 할

15
이른바 신자유주의 사상인데요. 이명박 정부의 성장 위주 정책도 여기에 기반을 두고 있다고 할
수 있습니다. 이는 기업문화의 유형상 '제국주의형'에 해당한다고 할 수 있습니다. 신자유주의
사상이 모든 기업의 경쟁력 강화에 도움되는 것이 아니라, 특정한 유형의 기업, 특정한 유형의
경제에만 적용될 수 있다는 말입니다. 그렇기 때문에 그것을 '도그마적으로 신봉하는 사람들'은
독단론이라는 오류의 늪에 빠져 있는 것입니다. 과연 한국사회는 어떤 문화 유형일까요?

수 있는 자본주의 윤리와 상당 부분 일치합니다.

　사실 아무런 도덕관념의 제한을 받지 않으며 무자비하게 재산을 모으는 행위는 자본주의 이전에도 어디에서나 있었습니다. 전쟁이나 해적 행위는 말할 것도 없고 외국인과 이방인을 상대할 경우에 무자비한 이중 도덕이 적용되는 상행위는 세계 곳곳에서 이루어지고 있었죠. 베버는 그러한 '약육강식의 윤리' 상황이 자본주의 경제 체제의 출현을 오히려 저지했던 장애물이었다고 보았습니다. 자본주의 이전의 경제 윤리와 기업 윤리의 핵심이 마구잡이로 욕심을 채우는 것이었다면, 베버가 말하는 자본주의 정신의 핵심은 도덕적 소명 의식과 청교도적 윤리에 있습니다. 직업 활동은 '신으로부터 부여 받은 소명'입니다. 이윤 추구 자체가 목적이 아니라, '전체 과업으로부터 주어진 특정 기능'을 소명으로 부여 받는 것이지요. 그럴 때 이윤 추구는 정당한 활동이 됩니다. 그러나 이윤 추구는 또한 합리성을 기반으로 해야만 합니다. 전통적이고 무자비한 방식이 아니라, 가장 합리적이고 효과적인 방법을 택하는 것이죠. 자본주의는 이전과는 오히려 정반대로 무제한적 이윤 추구의 충동을 절제하고 이를 합리적으로 조절하는 체제입니다. 물론 전체 과업 속에서요. 그리고 종교적으로 규정되는 규율에 따른 행동의 통제, 금욕적인 생활을 강조합니다.[16] 이것이 바로 '자본주의 정신'의 핵심입니다. 우리가 주목할 점은 이러한 '경제적 합리성을 추구하는 자본주의 정신과 윤리'가 기업가형 문화 유형의 특징이라는 사실입니다.

이 유형을 '기업가형'이라고 이름 붙인 이유도 여기에 있습니다. 서유럽에서 자본주의의 태동을 가능하게 했던 '자본주의 윤리'는 바로 당시의 '상인 신분', 그리고 '부르주아 계급'을 통해 구현되었습니다. 신분과 계급의 개념 차이까지 이 자리에서 자세히 논할 수는 없겠지만, 그 '자본주의 합리성의 담지자로서 상인과 부르주아'를 통틀어 현대적 의미에서 기업가로 부를 수 있습니다.

소명 의식은 기업가형 회사에서 여전히 중요합니다. 응집력은 기업이 부여 받은 소명에 기반을 둔 직업의식에 의해 형성됩니다. 또한 '나만이 그런 것이 아니라 다른 이들도 그러한 소명을 같이 부여 받았음'을 알고 인정해야만 형성됩니다. 애초에 자본주의 합리성은 어떤 종교적 소명 의식과 윤리, 즉 특정한 문화적 가치에 기반을 두고 생겨났습니다. 마찬가지로 기업가형 회사의 합리성은 기업의 소명 의식과 문화 코드에 따른 행동규범에 토대를 둡니다. 물론 규범 안에서는 성장과 진보, 이윤 추구가 미덕입니다. 기업가형 문화 유형에서는 기업의 비전과 목표가 소명

16
막스 베버, 전성우 옮김, 《막스 베버 종교사회학 선집》, 나남, 2008, 287~289쪽.

만큼이나 중요하게 자리한다고 했죠? 이것이 공동체 문화를 가진 회사나 '학자형 회사'와 주요하게 구분이 되는 점입니다.

　다분히 서양 문화사의 관점에서 설명이 되었네요. 하지만 자본주의의 발상이 서구 유럽이기 때문에, 즉 근대적 기업의 발생은 서구에서 이루어졌고 우리는 중세 사회가 아니라 자본주의 사회에서의 기업 경영을 얘기하고 있기 때문에, '합리성' 개념에 대한 이러한 해석에 귀 기울일 필요가 있습니다. 기업가형 회사는 앞으로 주요하게 다룰 수밖에 없는 유형이니까요, 더 많은 예는 뒤에서 더 큰 돋보기로 살펴보도록 하겠습니다.

학자형 회사 Scholar Society

　기업가형 회사가 밖으로 향한 문을 닫을 때 학자형 회사가 됩니다. 좌표에서 개방성의 축에서 아래쪽으로 내려오게 되는 것이죠. 아니, 도대체 왜, 어떻게 해서 밖으로 향한 문을 닫게 된 걸까요? 단순화를 무릅쓰고 그 패턴을 따라가 보도록 하겠습니다.

　기업가형 회사는 사업을 더욱 확장해감에 따라 체계를 고도화하려는 유혹을 뿌리치기가 어렵습니다. 일단 사업 자체가 커지면 그에 따라 우수한 인재도 계속 확충될 것이고, 내부의 역량과 노하우도 차곡차곡 쌓여갈 테니 그것들을 관리할 정교한 시스템을 필요로 하게 됩니다. 자, 시스템은 갈수록 고도화하고, 예전엔 소명과 문화 코드, 즉 응집력을 구성하던 기업문화에 의해 움직이던 사람들이 이제 조금씩 시스템에 의존하게 됩니다. '무엇을 위해 사업을 하는가'는 서서히 잊히게 되죠. 그러나 오랫동안 한 자리에서 형성된 응집력은 변형된 형태로 계속 남아 있습니다. 여전히 무언가를 위해 강하게 뭉쳐 있는 것이죠. 그게 문화의 힘입니다. 그러나 그들이 위하는 그 무언가는 예전처럼 외부에 발산하는 어떤 메시지가 아니라, 현재의 조직과 상태를 유지하는 쪽으로 변질되어버립니다. 결국 사람들은 자신의 원래 존재 이유를 완전히 잊고 현재의 조직과 상태를 유지하는 것만을 목적으로 일하게 됩니다. 외부 세계와의 적극적인 교류를 통해 자신들의 존재 이유와 사업의 정당성을 전달하던 조직이 이제는 전달할 그 무엇인가를 잃어버리게 되었으니, 외부와의 교류 역시 단절됩니다. 진리는 더 이상 외부와 교류하는 속에서 찾아낼 수 없습니다. '진리는 내부에 있다'는 믿음이 강하게 자리 잡습니다. 우수한 인력들이 모여 있고, 그에 따른 노하우까지 쌓여 있으니 이런 믿음은 날이 갈수록 더 커집니다.

조직 역시 더욱 복잡해져갑니다. 선진 기업들의 조직 체계 같은 장치를 들여와서 조직을 더욱 고도화하는 작업을 합니다. 한 회사를 존속하도록 만드는 고유한 기능,[17] 그러니까 영업, 연구 개발 등의 역할이 전체 속에서 갖는 의미와 역할은 점차 고려할 필요가 없어집니다. 기존에는 '나의 역할이 공동의 소명에 어떻게 기여하는가'를 알고 일을 했지만, 이제는 분할된 자신의 기능에만 충실하면 나머지는 시스템이 알아서 해줄 테니까요. 이러한 경향은 부서간 교류를 단절시켜버립니다. 이미 개방성이 떨어진 조직이기에 더욱 그러합니다. 문화는 '패턴'이라고 했습니다. 이미 그 패턴 안에 들어와 있으니 거시구조는 미시구조에서 반복되기 마련이죠. 이미 이들의 존재 이유는 현재의 조직과 상태를 유지하는 것이 되어버렸다고 했습니다. 그런데 이제 그 목적의 대상이 회사가 아니라 그들이 속한 부서가 되어버립니다. 회사 전체가 아닌 부서의 이익이 이들의 일차 관심이 되어버리는 것이죠. 정보는 자기 부서 안에서 딱 막혀버리고, 이제 다른 부서는 '공동의 소명을 실현하는 협력자'가 아니라 '내 부서의 이익을 빼앗는 경쟁자'입니다. 조직이 복잡해졌고 그에 따라 위계질서도 더 복잡해졌을 테니 당연히 의사 결정에 걸리는 시간도 늘어났겠죠. 게다가 수평적인 소통이 안 되기 때문에, 옆의

---

[17]
특정한 하나의 문화는 그 문화의 생존을 가능하게 하는 여러 필수 기능들로 구조되어 있습니다. 그것을 문화의 위상학이라고 합니다. 이 방법론은 비교신화학자 조르주 뒤메질에 빚지고 있습니다. 그는 인도-유럽어족의 신화와 문화를 분석한 여러 논문을 통해 유럽 사회는 세 개로 분할된 기능 이데올로기 집단에 의해 유지되고 발전되어왔고, 그것이 유럽 사회의 심층 구조를 이루고 있음을 논증하였습니다. 기능 이데올로기와 그 이데올로기 집단은 기업문화에서 유형론만큼이나 핵심적인 부분이고 유용하게 적용할 수 있는 이론입니다.

부서와 일을 할 때 어떤 의사 결정을 하려면 위로 한참 올라갔다가 다시 옆으로 가서 다시 내려와야 하는 과정을 거쳐야 합니다. 그게 귀찮아지면 아예 옆으로 안 가고 그냥 자신의 결재 라인 안에서 웬만한 것은 다 처리해버립니다. 옆의 부서에 협력을 요청해서 같이 해야 할 일을 내부에서 사람을 더 뽑거나 하는 방법으로 처리해버리죠. 소통 기능은 계속 떨어지고, 부서 별로 우수한 인재와 문서는 계속 쌓여갑니다.

자, 이제 어느 정도 학자형 회사에 대해 감이 잡히시죠? 단순화를 무릅쓰고 패턴을 도식화해 보았지만, 아마도 '아! 그래, 우리 모습이네!' 하고 무릎을 탁 치는 분들도 있으리라 짐작됩니다. 지금은 어느 정도 바뀌었지만 예전 우리나라의 '공무원 사회', '공기업', 흔히들 '철밥통'이라 불린 조직을 떠올리면 딱 그 느낌이 올 것 같네요. 실제로 많은 경우, 오래된 공기업이나 공무원 사회가 학자형 회사의 기업문화를 갖고 있다고 할 수 있습니다.

학자형 회사에 대해 좀 더 구체적으로 알아볼까요? 일반적으로 학자형 회사의 성장과 발전은 더딥니다. 변화의 속도도 느린 편입니다. 기업가형 회사에서는 비전과 목표가 소명과 핵심 가치만큼 중요하다고 하였습니다. 변화와 응집력이 동시에 중요한 것이죠. 그러나 학자형 회사에서는 성장과 발전보다 현재 질서의 유지가 더 중시되기 때문에 비전과 목표에 의해 변화를 추구하기가 쉽지 않습니다. 새롭게 도전적인 비전을 선포하고 내부에서 혁신을 추진하려 해도 사람들은 꿈쩍도 않습니다. 오히려 내부에서 우글거리는 뛰어난 인재들은 혁신의 시도 자체를 더욱 복잡하게 만들고 비전 자체도 정말 멋들어지고 정교하게 만든 후, '우리는 이런 비전과 혁신의 툴도 갖고 있는 좋은 회사야'라는 것만 남깁니다. 파워포인트 문서 안에, 책상 서랍 안에, 그리고 그들의 자부심 안에……

시장 개척도 잘 이루어지지 않습니다. 기본적으로 현재 상태의 유지를 목적으로 하는 보수적인 성향을 보이기 때문에 그렇습니다. 역으로 생각해보면, 기업가형 회사가 더 이상의 시장 개척에 실패했을 때 학자형 회사가 되기도 합니다. 더 이상의 시장 개척에는 실패했고 성장 속도는 둔화되었는데, 성장할 때의 패턴, 즉 조직을 고도화하고 내부 역량을 강화하려는 성향은 그대로 유지되고 있기 때문이지요.

커뮤니케이션 문제를 볼까요? 커뮤니케이션은 주로 '우리 회사가 얼마나 좋은 회사인가'를 보여주는 데 초점을 맞추기 마련입니다. 회사의 기술적 우위를 증명하고 회사가 특별한 조직임을 드러내는 게 커뮤니케이션 기능의 주된 역할입니다. 한마디로 '우리 잘났다'는 거죠. 커뮤니케이션의 방향을 볼까요? 진리는 안에 있으니 커뮤니케이션의 방향은 주로 내부에서 외부로 향하게 되겠죠. 과장을 좀 섞어서 얘기하자면, '시장이 무엇을 원하는지 나는 잘 알고 있다. 그러므로 그들이 기대하는 바를 알 필요도 없고, 나의 브랜드 이미지도 알 필요가 없다. 그들이 이해하면 된다.' 뭐 이런 패턴입니다. 또한 외부로 나가는 그 '잘난 회사'의 이미지를 스스로에게 다시 투사하여 내부의 폐쇄성을 더욱 강화시킵니다.[18] 보통 외부로 알리는 홍보는 기업 내부의 사실을 일정 정도 왜곡하거나 과장하기 마련인데, 내부에선 그것이 과장된 것임을 인식 못하고 자신들이 정말 그런 줄로만 알게 되는 거죠.

이제 그렇게 하라고 누가 시켜서 그런 게 아니라, 문화에 의해서, 즉 사람들의 사고방식이 그런 패턴으로 구조되어 있기 때문에 자동적으로 그렇게 되는 겁니다. 본인들은 아주 잘하고 있다고 생각하고 그렇게 하는 것이죠. 그렇게 할수록 경영진에게 더 인정받을 것이고요. 또 그렇게 하지 말라고 해도 잘 안 되기 마련입니다. 문화의 강력한 힘 때문에 그렇습니다.

학자형 회사에서의 HR에 대해 얘기해보겠습니다. 학자형 회사에서는 '오래 다녔음 = 노하우'로 정의된다고 할 수 있습니

18
이는 프랑스의 정신분석학자 자크 라캉의 '상상적 동일시' 개념에 의한 해석입니다. 유아의 정신 발달 시기 중 '거울 단계'에 해당하는데요, 단순화하면, 아이가 거울에 비친 모습을 보고 그것을 '자기 자신'으로 인식하는 단계입니다. 그런데 거울이 아니라 세상 모든 존재, 예컨대 엄마의 모습을 거울에 비친 자기로 여기고 엄마와 자신을 동일시하게 되는 것이죠. 주체와 객체가 분리되기 전의 단계이기 때문입니다. 자주 쓰는 비유지만, 제가 장롱건을 보고 그걸 거울에 비친 제 모습으로 여기는 것과 비슷합니다. 이런 현상이 있는 기업은 수많은 커뮤니케이션 담론을 통해 자기보다 훨씬 뛰어난 이미지를 만들어놓고 그것을 지금의 자신으로 착각하게 되는 것이죠.

다. 연공이 중시되고 그에 따라 서열이 만들어집니다. 능력보다는 직급이 중시되고, 호봉 체계가 보상의 주를 이룹니다. 아, 이건 실제 제도상에서도 그러하다고 할 수 있지만 그보다 문화적인 성격이 더 강합니다. 제도를 아무리 바꾸려고 해도 기업문화의 벽에 막혀 그 제도가 굴러가지 않는다는 말입니다. 예컨대 성과와 능력에 따른 승진 제도를 새롭게 도입하여도, 그래서 젊은 부서장들이 하나 둘 생겨나도 그들 역시 '나이 든 고참 부하 직원'의 말을 따를 수밖에 없는 구조가 되어 있는 것이죠. 그러므로 자리 변화나 이동보다는 현재 자리를 유지하는 데 더 신경을 쓰게 됩니다. 윗사람에게 충성하는 패턴도 더불어 만들어지지요. 부서간에 소통도 별로 없겠다, 한 자리에 오래 머물러야 되겠다, 거기에 우리 유교 문화의 영향까지 더해진다면, 부서장 개인에게 충성하는 문화가 안 만들어지는 게 더 이상하겠죠. 여기서 관료주의와 부서별 이기주의가 심화됩니다.

이런, 너무 안 좋은 얘기만 하고 있는 것 같은 느낌입니다. 오해는 마십시오. 여기서도 상대주의의 원칙은 그대로 적용됩니다. 사실 학자형 회사에서 일하는 사람들에게 그 회사는 참으로 일하기 편한 곳입니다. 사람들은 안락함을 느끼지요. 이미 안정적인 매출은 발생하고 있고 수익 구조도 위협 받을 일이 없는 경우가 많습니다. 그만큼 크고 안정적인 회사이기도 한 거죠. 내부 조직을 고도화하는 작업을 계속했기 때문에 사원 복지제도 등도 발달되어 있습니다. 직원들의 자부심도 강하고 이직률도 낮고 직업 만족도도 높으니 입사 선호 기업인 경우가 많죠. 공기업을 '신의 직장'이라고들 하지 않습니까? 이런 관점에서 보면 많은 장점이 있기도 합니다. 더 이상의 시장 개척에 나서지 않는 한 말이죠. 애초에 기업의 모든 프로젝트는 Culture와 Exchange가 같이 붙어 다니며 서로 궁합이 맞아야 한다고 하였습니다. 전략상 더 이상의 시장 개척을 추구하지만 않는다면야 학자형 회사는 이렇게 많은 장점을 가지고 있기도 합니다.

그런데 왜 '학자형'이라는 이름을 붙였을까요? 우리는 여기서 막스 베버에게 또 한 번 신세를 져야겠습니다. 그는 '같은 물질적 조건 — 마르크스주의에서의 토대 — 을 갖추었음에도 왜 하필 서구 유럽의 특정 시기에서만 자본주의가 출현하게 되었는가'라는 질문에 답하기 위해, 자본주의가 출현하지 않은 비서구권, 특히 중국 사회를 분석해가며 유교적 이상형인 '학자literati/scholar/文人'의 성향을 분석합니다. 그의 방법론은 상당히 타당해 보입니다. 어떤 사상의 주된 신봉자 혹은 운반자의 물질적, 사상적 이해의 관심은 어떤 사회의 문화에 지대한 영향을 미칠 수밖에 없겠지요.

칼뱅주의 신교의 신봉자와 운반자는 주로 소상인이나 중소기업인 ― 이를 우리는 현대적 의미에서 '기업가'라 하였지요 ― 그리고 일부 노동자였던 반면, 유교의 주된 운반자는 바로 학자들이었습니다. 유교적 이상향으로 제시되는 이들 학자의 가장 근본적인 임무는 유교적 우주관에 따라 사회 질서의 조화와 균형을 도모하는 것입니다. 기존 질서와 전통을 어떻게 유지시키느냐가 이들 역할의 핵심인 것이죠. 그러하기에 새로운 현상이 출현하면 기존의 유교적 질서에 편입시키기 위해 끊임없이 기존의 유교 경전을 기초로 하고 복잡한 주석을 답니다. 이들의 인간관은 어땠을까요? 기존 질서에 적응하는 데 인간은 그 자체로 목적이지 어떤 기능적인 다른 목적, 예컨대 칼뱅이라면 화장품업을 하는 것에 대해 '인간을 아름답게 하라고 신이 부여한 소명'이라고 했을 그런, 기능을 위한 수단이 아니라고 인식하였죠.

앞에서 '기업가형'이라는 개념은 막스 베버의 자본주의 정신과 일치한다고 하였습니다. 그것은 한편으로 자본주의 정신의 신봉자 혹은 운반자들이 바로 '기업가상인, 부르주아'의 의미이기도 하였습니다. 마찬가지로 '학자형 회사'는 바로 여기서 얘기하고 있는 유교적 '학자'의 특징들을 갖고 있다고 이해하면 되겠습니다. '잊혀가는 사원의 수호자the guardian of the lost temple'처럼 행동한다고 할까요? 사원을 수호하기 위해 그 정당성을 끊임없이 만들어내야만 하는……. 요컨대 자본주의적 합리성이 기업가형의 가장 기본적인 문화 코드라면, 유교적 보수성이 학자형 회사의 기본 코드라고 할 수 있겠습니다.[19]

2. 사회적 응집력이 약한 기업문화

진흙과 모래의 비유를 다시 떠올려보십시오. 기억나지 않으면, 2장 초반부를 잠깐 다시 펼쳐보세요. 되셨나요? 그러면 지금부터는 모래 같은 사람들이 모여 있는 기업의 문화 유형을 나누어 보겠습니다.

제국주의 갱 Imperial Gang

아니, 난데없이 웬 갱gang이라니요? 놀라셨나요?

제국주의 갱 유형은 언뜻 보기에 정복자형 공동체와 아주 유사합니다. 좌표에서 같은 사분면에 있지요? 응집력이 약하다는 것만 제외하면 말이죠. 제국주의 갱 유형의 구성원들은 옷도 비

19

마크 르바이의《Pour une anthropolgie de l'entreprise》에서는 왜 이러한 특징을 가진 문화 유형에 '학자형'이라는 이름을 붙였는지에 대해서는 이야기하지 않고 있습니다. 그러나 마크 르바이와의 많은 작업과 논의 끝에 필자는 여기서의 '학자'라는 개념과 그 특징들을 역시 막스 베버의 그것으로부터 끄집어냈다는 결론을 내렸습니다. 막스 베버의 '학자' 개념과 관련된 내용은 《종교사회학》(오경환, 서광사, 1990, 217~223쪽)을 참고하기 바랍니다.

숫하게 입고, 말하는 방식도 비슷하고, 공동의 행동 방식도 따로 있어 보입니다. 갱단, 우리 식으로 말하자면 야쿠자나 조폭을 보세요. 심지어 얼굴도 비슷합니다! 그렇다고 아주 규모가 크고 체계화되어 있거나 다양한 사업을 벌이지는 않죠. 사채면 사채, 유흥업이면 유흥업 정도? 유형 중에서 기업가형 회사는 아닌 거죠. 정복자형 공동체처럼 카리스마가 강한 리더도 있어 보입니다. 갱 두목이죠. 그리고 조직원들은 굉장히 의리도 있어 보이는군요. 그렇다면 응집력도 강하다고 할 수 있을까요?

　여기서 응집력에 대해 생길 수 있는 오해를 풀어야겠습니다. 응집력은 '같이 뭉쳐 있음'만을 의미하지는 않습니다. 응집력이 있는 조직은 우선 소속감이 강해야만 합니다. 그리고 '전체 집단이 추구하는 특정한 소명에 동의하는 상태'를 말합니다. 그로부터 비롯된 내부의 문화 코드에 의해 형성된 행동 규범을 암묵적으로 공유함으로써 같은 행동 패턴을 보일 때 응집력이 강하다고 할 수 있습니다. 그로 인해 자신이 정당한 자리에 있음legitimacy을 알고, 다른 이들의 자리도 정당함을 알고 인정하는 상태를 응집력이라 하고 있는 것입니다. 응집력을 구심력이라고도 하였죠? 그 구심력이 바로 소명에 기반을 둔 문화 요소인 것이고 구심력으로 뭉쳐져야 응집력이라 말할 수 있습니다. 사업체를 경영하고 있는 조폭 집단을 응집력이 있는 집단이라고 할 수 없는 이유입니다. 의리와 복종 등의 가치와 행동 규범이 있는 듯이 보이지만 추구하는 바, 즉 소명이 없기 때문입니다. 서로 단단히 뭉쳐서 폭력적인 수단을 사용하여 돈을 버는 것 말고는 어떤 다른 소명을 가지나요? 또한 학자형 회사처럼 강한 소속감을 바탕으로 하지도 않고 조직의 유지와 생존을 위해 자발적으로 헌신하지도 않습니다.

응집력과 혼동할 수 있는 또 다른 경우가 있는데요, 사람들이 내부의 어떤 가치 같은 것에 동의하는 바가 없는데 외부에 큰 적이 생겨 그에 대항하기 위해 단단히 뭉쳐 있는 상태입니다. 이 경우도 응집력이 있다고 할 수 없습니다. 갱단이 딱 떠오르시죠? 물론 갱단 같은 모습을 보이는 국가도 많이 있지만요. 내부의 단결을 일시적으로 도모하기 위해, 그리고 그를 통해 내부의 정치적 문제를 해결하기 위해 외부에 (가상의) 적을 만드는 경우가 얼마나 많았습니까? 한국 현대사의 반공 이데올로기가 그러하였고, 국제 사회의 냉전 이데올로기도 그러하였습니다. 냉전이 끝나자 심지어 외계인까지 적으로 만들기도 하였지요. 이는 '외부의 적 만들기solidarity against'라는 개념으로 범주화하여 응집력과 구분할 수 있습니다. 요컨대 정복자형 공동체의 기본적인 특징

과 유사하되 응집력이 없는, 혹은 가상의 응집력을 가진 조직이
바로 제국주의 갱 유형입니다.

그런데 왜 '제국주의'라는 말을 붙였을까요? 서양사적인 의미
에서 제국주의 개념의 역사를 짚어가다 보면, 제국주의 갱 유형
과 제국주의 시스템의 기본적인 특성을 이해할 수 있습니다.

역사적으로 제국주의의 발흥은 산업혁명 이후 서구 자본주의
의 팽창과 떼려야 뗄 수가 없는 관계였습니다. 자본의 끊임없는
확장으로 국가 단위의 시장에 한계가 있음을 알게 된 유럽의 자
본주의 국가들이 외부의 식민지 시장을 개척하기 위해 나서게
된 것이 바로 '제국'이었고, 이를 위해 형성된 이데올로기가 '제
국주의'였습니다. 제국주의는 '존재의 이유, 곧 소명' 자체가 시
장의 확장이었던 것이죠.[20] 그러므로 '제국주의'라는 말이 붙은
기업문화 유형의 기업들은 소명 자체가 자본의 팽창인 것입니다.
내부에서는 미션 스테이트먼트mission statement, 사명 선언문의 형식으
로 어떤 명분을 마치 소명처럼 제시하고는 있지만 사실 그것은
응집력을 기반으로 하는 기업문화에는 별다른 영향을 주지 못합
니다. '기업의 소명은 이윤 창출이지 다른 것이 있느냐'는 공격
적인 질문을 많이 던지곤 하죠? 이에 대한 답도 이 개념의 역사
에 숨어 있습니다. 이 질문은 영미권에서 형성된 특정한 제국주

---

[20]
일본의 제국주의는 이와는 조금 다르다고 생각됩니다. 근본적인 이유야 시장의 확장이었지만,
서구식 발전 모델을 받아들여 근대화에 성공한 후 동북아시아를 점령해 아시아를 대표하려는 또
다른 야망이 일본 제국주의에는 숨어 있었죠. 이는 메이지 유신의 사상적 기반이 된 요시다 쇼인
吉田松陰의 사상에 뿌리를 둡니다.

의형 기업문화를 가진 회사에 해당하는, 어떤 특정한 이데올로기로부터 비롯되었다고 할 수 있습니다. 얘기가 다른 길로 조금 샜네요. 요컨대 제국주의 유형의 근본 목적은 '이윤을 위한 시장 개척'입니다. 응집력이 강한 유형이 가지는 문화의 근본 요소, 즉 창업 신화로부터 비롯된 특정한 소명을 가지지 않는다는 점을 기억해두시기 바랍니다.

저는 제국주의 갱 유형을 얘기할 때, 우리나라나 아시아권, 혹은 제3세계의 맥도날드 체인점을 예로 들곤 합니다. 맥도날드에서 일하는 사람들은 모두 같은 로고를 쓰고 같은 옷을 입고 같은 인사를 하고 같은 서비스를 합니다. 마치 응집력이 강한 공동의 문화가 있는 듯이 보입니다. "I'm loving it!"처럼 전 세계 공통의 슬로건도 있습니다. 그런데 생각해보세요, 오늘 장사 안 되면, 내일 롯데리아로 쉽게 간판을 바꿀 수 있지 않을까요? 맥도날드가 추구하는 신념에 정말 가슴 깊이 동의해서 그 안에서 일하거나 체인점을 하는 사람들이 얼마나 될까요? 이와 달리 애플에 있던 사람들은 쉽게 HP나 IBM으로 이직할 수 있을까요?

왠지 별로 안 좋아 보인다구요? 이런, 또 얘기해야겠네요. 문화에서 옳고 그름은 없다는 것을요. 문화를 볼 때 가치 판단은 배제해야 합니다. 빠른 시장 확장을 꾀할 때는 오히려 제국주의 갱 유형이 상당히 적절한 기업문화입니다. 앞에서 말씀 드린 맥도날드의 예가 바로 그렇죠. 맥도날드의 전 세계적 확장은 제국주의 갱 유형의 기업문화 전략을 택하였기에 가능했습니다. 다단계 사업 등으로 빠른 시장 점유를 목적으로 할 때에도 선택하기 좋은 기업문화 전략입니다. 아주 체계적인 제도와 시스템을 만들기 위해 많은 투자를 할 필요가 없으므로, 슬림slim한 조직을 유지하면서 최대의 이윤을 추구하기에도 적합한 유형입니다.

그러나 응집력이 약하기에 이들을 묶어줄 무언가가 필요합니다. 가장 기본적인 조건은 수익과 보상입니다. 돈이 안 되면 사람들은 급격히 이탈합니다. 그러므로 제국주의 갱은 끊임없이 시장을 개척하고 수익을 창출해야만 합니다. 응집력이 강하다는 것만 빼고는 같은 사분면에 있는 정복자형 공동체 유형은 이와 대조적으로 회사가 어려울 때 사람들이 더 단결하는 경향을 보이죠.

체계성의 축에서 왼쪽에 위치하고 있죠? 경영의 체계성이 떨어지기에 조직이 커질 경우 사람들이 자기의 자리를 찾는 데 어려움을 겪습니다. 또한 일관된 패턴에 의해 관리되지 않고 상황에 따라 감정적으로 관리되기 쉽습니다. 응집력이 강한 조직이라면 기업문화가 대신해주었을 텐데 말이죠.

이러한 몇 가지 이유로 사람들의 이탈이 시작될 때 흥미로운 패턴을 보이기도 합니다. 제국주의 갱 유형도 정복자형 공동체와 유사하게 으레 카리스마 있는 리더가 있습니다. 일종의 '갱 두목'이죠. 그는 조직원들의 목마름을 끊임없이 채워주어야만 하지요. 그런데 이탈이 시작되면 두목의 조직 장악력이 급속히 떨어지게 됩니다. '우리에게 돈도 못 벌어다 주면서 두목은 무슨 두목이람?' 이렇게 되는 거죠. 이 과정에서 두목에게 불만을 품은 중간 보스들을 중심으로 작은 갱단들이 출현하게 됩니다. 이러한 경향은 원래 내부에 있던 것입니다. 응집력이 없는 상태이니 기본적으로 조직 내부는 '서로가 서로를 이용하는 한에서만 뭉쳐 있는' 약육강식의 사회였으니까요. 중간 보스들은 내부 권력 투쟁에 나서기도 하고 이해관계가 맞는 사람들을 모아 사업체를 꾸려 분사해 나가기도 합니다. 서로간의 소통, 외부 시장 상황, 사업성 등은 이제 눈과 귀에 안 들어오고 오직 권력의 쟁탈만이 목적이 되어버리는 것이죠.[21] 개방성이 떨어진 상태입니다. 자, 좌표상에서 어디로 갈까요? 교류의 축에서 아래로 내려오죠? 바로 '사회적 분열' 유형으로 오게 됩니다. 조직은 분열되고 결국은 해체의 길에 들어서게 됩니다.

21
왠지 서양이건 동양이건 역사 속에서 많이 보던 현상 아닌가요? 이처럼 우리가 기반을 두고 있는 구조주의 맥락에서 문화는 통시적이라기보다는 공시적으로 나타나는 어떤 패턴입니다. 적어도 특정한 문화 유형 안에서는 패턴이 그렇게 유지되는 거죠. 100만 년 전에도 물을 가열하면 끓었을 것처럼 말이죠.

사회적 분열 Social Dispersion

　내부를 단결시키는 응집력이 없어서 사람들이 모래처럼 흩어지기 쉬운데응집력의 구분에서 오른쪽, 그걸 묶어줄 체계와 시스템도 갖춰지지 않았고체계성의 축에서 왼쪽, 외부 세계와의 교류도 단절되고 내부에서도 서로 소통이 없는교류의 축에서 아래쪽 상태입니다. 특단의 조치가 없으면 이제 조직은 곧 해체되겠네요. 이러한 사회적 분열의 징후가 기업에서 포착될 때 이를 발견하고 분열 증상이 심화되지 않게 하는 작업이 선행 과제라고 할 수 있습니다.

　한숨이 나오세요? 만일 여러분이 전략적으로 일부 사업을 철수하고자 하는 기업인이라고 해도 그럴까요? '옳거니, 바로 저 상태야!'라고 하는 분들도 있네요. 그렇습니다. 사회적 분열 유형도 나쁘기만 한 것은 아닙니다. 회사를 파산하고 해체해야 할 경우, 일부 생산 라인의 문을 닫아야 할 경우에는 경영전략상 '사람들이 알아서 떠나도록' 조직을 분열시켜야 하지 않겠습니까? 만일 응집력이 너무 강한 조직공동체형이라면 사람들이 떠나지 않으려 할 것이고, 남은 이익을 나눠가지기 위해 계속 무언가를 요구하고 있다면제국주의형 회사의 문을 닫는 데 상당한 어려움이 있

겠지요. 결론적으로, 사회적 분열 상태도 전략적으로 택할 수 있는 기업문화 유형인 것입니다.[22]

제국주의 시스템 Imperial System

다시 제국주의형으로 돌아왔습니다. 기억하시죠? 제국주의라는 말의 의미는 끊임없는 이윤 추구와 이를 위한 시장 확장이라는 것을.

제국주의 시스템은 시장 확장과 이윤 추구를 위해 '고도화한 시스템을 갖춘' '규모가 큰' 회사를 말합니다. 끊임없는 시장 확장이 목적이니 교류와 개방성은 최대로 높여야만 합니다. 고객과 시장의 반응에 언제나 촉각을 세우고 그에 맞춰 최고의 제품과 서비스를 개발해야 최대의 이윤 추구가 가능하니까요. 왼쪽 좌표의 같은 위치에 있는 기업가형 회사와 비교해보면 이 유형에 대해 이해하기 쉬울 것입니다. 기업가형 회사는 외부의 시장 상황에 적극적으로 대응하되 내부의 신념을 훼손하지 않는 선에서 다소 제한적인 제품을 내놓습니다. 이와 달리 제국주의 시스템은 외부 시장의 요구만이 최우선 가치이므로 고객이 원한다면

22
하지만 오해는 마시길. 파산과 폐업에서 법적, 윤리적 문제는 당연히 우선적으로 해결해야 합니다. 그게 앞의 기업가형 유형에서 말한 바 있는 '자본주의 윤리'입니다.

어떠한 제품도 내놓을 수가 있고 어떠한 사업 분야에도 진출할 수 있는 것입니다. 다양한 브랜드는 가지되 유사 업종으로만 확장하는 기업가형 회사와 달리 시장과 신규 고객을 창출할 수 있는 일이라면 적극적으로 사업을 확장해가는 것이 제국주의 시스템입니다. M&A에 대한 검토를 일상적으로 하고, BCG 매트릭스, GE 매트릭스 등 전략 경영 이론에 따라 다양한 사업 분야로 진출하려 합니다. 철강 산업으로 시작한 기업이 M&A 등을 통해 사업을 확장하고 시장을 개척하여 나중에는 전자, 섬유, 심지어 금융업 등의 다양한 사업 포트폴리오를 가지게 되는 경우가 바로 제국주의 시스템 유형의 회사입니다. 내부의 기업문화가 약하기에 가능한 것이죠. 만일 아모레퍼시픽처럼 화장품업에 대한 신념이 강한 회사라면 금융업에 진출하는 게 과연 전략적인 선택일까요? 아모레퍼시픽을 중심으로 하는 태평양 그룹은 1990년대에 기업문화를 고려하지 않은 무리한 사업 확장으로 큰 실패를 겪었습니다. 내부의 응집력이 아주 강한 회사였음에도 제국주의 시스템 정책을 썼던 것이지요. 이후 태평양은 화장품, 제약 등 원래의 유전자에 기반을 둔 사업 분야인 '뷰티beauty'에 집중하는 전략을 쓰고 있고 현재까지 비약적인 성장을 해오고 있습니다. 기업가형에 적합한 전략을 쓴 것이죠. 다른 한 예로 LG

그룹을 들어보겠습니다. LG그룹은 전자, 텔레콤, 화학 등등의 사업 포트폴리오에서 보이듯이, 응집력의 구심을 이루는 '업에 대한 소명' 같은 것에 구애 받지 않는 제국주의 시스템에 적합한 전략을 펴고 있는 것이죠. 그리고 그 전략에 따라 성공하고 있고요. 제국주의 시스템의 사업 포트폴리오 가운데 하나로 화장품 사업을 하는 LG생활건강이 있습니다. 즉, 같은 업종에서 사업을 하고 있지만 응집력의 측면에서 아모레퍼시픽과 LG생활건강은 상당히 다른 기업문화라고 볼 수 있습니다.

방금 말했다시피, 제국주의 시스템 유형은 사회적 응집력이 약합니다. 사람들은 회사가 추구하는 어떤 소명에 동의하거나 기업의 문화에 충분히 젖어들어서 일하는 것이 아닙니다. 최대의 성과를 내어, 최고의 보상을 받고, 자신의 몸값을 극대화하는 것이 일의 목적이죠. '용병'이라고 비유할 수 있습니다. 살아남으려면 '실력이 있는 용병'이어야 하겠죠.

그리고 체계와 시스템이 고도로 발달해야만 합니다. 우수한 용병들이 그저 자기 일만 열심히 하더라도 이를 체계적으로 관리하여 기업의 성과로 연결될 수 있게 만들어야 하니까요. 또한 용병들의 이탈도 방지해야 하고요. 응집력이 약하니 그들을 묶어놓을 다른 장치들이 발달해야만 합니다. 우선은 성과에 걸맞은 보상이고, 그들이 자기 일만 할 수 있게 잘 짜인 시스템이며, 또한 촘촘한 계약 규정입니다. 많은 노동 규약과 조항들이 있기 마련이죠.

제국주의 시스템 회사로부터 수많은 경영 이론들이 출현하게 됩니다. 어찌 보면 당연한 결과가 아닐까요? 특히 사상적으로 자유주의 성향이 강한 영미권의 경영학 이론들이 이러한 제국주의 시스템 유형을 전제로 발달하였습니다. 제가 왜 여기서 이 말을 하는지 짐작이 가시죠? 문화란 상대적인 것임을 누차 강조해왔습니다. 이 경영 이론들은 정말 훌륭한 것들이고 기업 경영을 위해 학습해야 할 이론들이지만 모든 유형의 기업문화에 일괄적으로 적용된다고 할 수는 없습니다. 바로 제국주의 시스템이 되고자 하는 기업에 가장 적합한 이론인 것이죠. 그렇다고 기업가형 회사에는 무조건 적합하지 않은 이론이라는 뜻은 아닙니다. 기본적으로 자본주의 사회에서의 사업은 이윤 추구를 전제로 하기 때문에 제국주의 시스템의 이론은 그에 부합할 수밖에 없습니다. 다만 자신의 기업문화 유형을 안다면 이 이론들을 더욱 적절하게 응용할 수가 있는 것이지요. 이처럼 문화는 언제나 근본적인 것을 다루면서도, 언제나 보조적인 역할을 수행합니다. 기업문화의 유형을 다루면서 처음에 했던 말 기억하시죠? 체질이 태양인인 사람에게 인삼을 계속 먹이면 언젠가는 탈이 나겠죠. 그 때는 인삼을 무조건 먹이는 게 아니라 인삼의 기능을 할 수 있는 다른 것, 홍삼 같은 것으로 바꿔 먹이면 되겠죠. 그러려면 체질을 알아야 하지 않겠습니까? 우리가 기업문화의 유형을 다루고 있는 이유, 바로 여기에 있습니다.

세계 최고의 기업이라고 흔히 일컬어지는 글로벌 대기업들이 이 유형에 속하는 경우가 많습니다. GE 같은 기업이 대표적입니다. GE 매트릭스 이론도 더불어 유명하죠? 또한 삼일회계법인, 김&장 로펌 등 용병을 모아놓는 특수한 회사도 이 유형에 해당합니다.

삼성그룹도 성공적으로 제국주의 시스템으로 전환한 경우로 보입니다. 삼성의 진화 과정을 살펴보면, 기업가형을 거친 후 학자형 회사로 갈 가능성이 많았습니다. 예전에 '산업보국' 같은 이념을 내세우며 국가주의를 바탕으로 한 응집력을 추구하여 성장한 회사였죠. 어느 정도 성장한 후에는 외부와 통하는 문을 닫고 관료주의적인 학자형으로 가고 있던 듯합니다. 그런데 1990년대 중반의 신경영 선포였나요? 그때를 기점으로 글로벌 시장 진출이라는 목표를 달성하기 위해 국가주의 요소를 제거해갔습니다. 이념 자체도 바꾸었죠. 그리고 충성심 대신 성과와 능력을 중시하는 체계로 바꾸어갔습니다. '최고 인재에게는 최고 대우를!' 이런 정책에 따라, 수많은 우수 '용병'들을 스카우트해왔고 그에 맞는 시스템을 만들어나갔죠. 문어발식이라 비판받을 정도로 확장 정책과 투자도 병행하였습니다. 그러는 와중에 기업가형 회사의 덕목인 자본주의 윤리는 어느 정도 무시되었죠. 그렇게 제국주의 시스템으로 성공적으로 전환하였고, 사업도 성공하였습니다.

윤리를 무시하고 그렇게 성장만 하면 바람직하냐고요? 저의 개인적인 가치에 따른다면야 바람직하다 아니다 판단을 내릴 수 있겠지만, 기업문화를 다룰 때에는 가치 판단을 보류해야 한다고 누차 말을 했습니다. 제국주의라는 말을 굳이 붙였듯이, 그게 제국주의 시스템 유형에 적합한 전략이고, 이를 잘 응용한 사례로 삼성을 들고 있을 뿐입니다. 또한 그것이 유럽에서 출현하게 된 원래 의미로서의 자본주의와 다르다는 사실도 이미 얘기했네요. 말 그대로 '다른' 것이죠. 그렇기에 누가 만일 요즘 도그마처럼 신봉되는 신자유주의를 자본주의의 본질이라고 주장한다면, 전 '당신 말은 틀렸다!'라고 얘기할 것입니다. 유형론으로 따지자면, 그건 여덟 가지 유형 가운데 제국주의 시스템에 해당하는 이론일 뿐이니까요. 그럴 리야 없겠지만 만일 GE의 어떤 임원이

제게 와서 GE가 이제 강한 윤리에 기반을 둔 기업문화를 가져야겠다고 얘기한다면 전 역시 뜯어 말릴 겁니다. 그 시간에 어떻게 하면 시장 개척을 더 할지 궁리하라고 하겠죠.

전체주의 회사 Totalitarian Society

제국주의 시스템이 더 이상 시장 개척에 실패할 때, 외부로 향한 문이 닫히고 '전체주의 회사' 유형으로 바뀌게 됩니다. 제국주의 시스템은 극도의 개방성을 추구하며 끊임없이 시장을 확대해야만 합니다. 그래야만 고도로 발달한 시스템, 우수한 용병들, 거대한 자본이 가진 엄청난 에너지가 밖으로 분출될 수 있기 때문입니다. 역으로 그 에너지를 이용해서 시장을 계속 넓혀가는 것이죠.

그런데 금융 위기 등 외부의 급격한 환경 변화로 인해 성장이 중단되는 경우가 있습니다. 외부 요인뿐만 아니라 내부의 잘못된 전략에 의해 그렇게 되는 수도 있는데, 주로 외부와의 교류가 떨어지는 경우입니다. 예를 들어, 톱니바퀴 같아야 할 내부 시스템의 한 구석에 흠이 생겨 외부 정보가 내부로 흘러 들어오는 데 문제가 생기거나, 인사 시스템에 불만을 품은 어떤 용병으로 인해 내부에서 권력 투쟁이 생길 때 회사는 외부의 환경 변화에 눈과 귀를 닫게 됩니다. 시장에 대한 적극적인 대응으로 성장을 추구하는 제국주의 시스템에서 이는 곧 성장 정체로 이어지게 될 수 있는 거죠.

더 이상 시장 확장이 어렵다는 조짐이 내부에 스멀스멀 퍼지게 되면, 계약 관계에 있던 '최고의 용병'들은 슬슬 짐을 꾸리기 시작합니다. 그들이 그 자리에 있어야 할 존재의 이유인 '몸 값 높이기'가 사라져가기 때문이지요. 그게 용병의 덕목이 아니었던가요?

하지만 회사 입장에서 그들이 하나 둘 짐 싸는 걸 보고만 있을 수는 없겠죠. 직원들의 이탈을 막아야만 합니다. 아직 회사는 잘 굴러가고 있기 때문이죠. 엄청난 자본도 있고, 시스템도 갖추고 있지 않습니까! 무조건 직원들을 데리고 있는 게 좋은 건 아니겠지만, 적어도 급격한 이탈이 아니라 회사의 의도대로 나가야 할 사람들만 나가는 상태를 바라겠죠. 응집력이 없는 문화 속의 구성원을 모래에 비유했던 것 기억하시나요? 모래를 담은 그릇 한 귀퉁이에 구멍이 생기면 모래가 우수수 새어 나오겠죠. 애초에 복잡하고 크고 튼튼했던 그릇일수록 더 그러할 것입니다. 막아야죠. 그런데 무슨 수로? 소속감 없는 용병들을 어떻게?

이때 회사는 공포정치를 실시하게 됩니다. 촘촘하게 맺었던 계약서의 규정을 엄격히 적용하며, 노동의 과정을 좀 더 세밀히 관리하기 시작하고, 노동 시간을 통제합니다. 더 엄격한 규율을 만들어 적용합니다. 관리자 계층과 일반 노동자 계층을 분리하여 관리자로 하여금 더욱 강하게 노동자들을 통제하도록 만들기도 합니다. 내부의 갈등을 조장하여 일부 중요 계층의 단결을 꾀하고 이탈을 막는 것이죠.

이러한 과정은 일부러 의도해서 '나 이제부터 공포정치 할 거야'라고 해서 되는 게 아닙니다. 정확히 말하자면, 제국주의 시스템 회사가 성장이 정체되는 상황에 놓일 경우 으레 공포정치를 하는 쪽으로 흐르게 될 가능성이 농후하다는 것입니다. 문화는 패턴의 문제라고 하였습니다. 어떤 상황에 놓이면 무의식적으로 그냥 그 패턴을 따라 진행될 가능성이 높은 것입니다. 이러한 관점에서 다음과 같은 패턴을 따라가 볼 수도 있습니다.

제국주의 시스템 내부에서는 아주 강한 에너지가 흐르고 있었습니다. 거대 자본, 인력, 시스템으로부터 생성되는 어떤 흐름입니다. 그 에너지는 어디론가 끊임없이 분출되는 패턴을 띠고 있었습니다. 내부에서 사람들은 끊임없이 무언가를 했던 것이죠.

그런데 갑자기 앞에서 보았던 안팎의 요인에 의해 외부와의 교류가 줄어들게 되면 좌상에서 아래쪽으로 내려오게 되면 밖으로 분출되던 에너지의 흐름은 막히게 됩니다. 그래도 끊임없이 무언가를 하던 패턴은 그대로 유지됩니다. 사람들은 억지로라도 일을 만들어야만 하죠. 에너지는 계속 생성됩니다. 그 에너지는 어디로 갈까요? 내부로 향하게 됩니다. 내부에서 팽창하여 사람들을 짓누르게 됩니다. 이러한 상태를 전체주의라고 이름 붙일 수 있습니다.

이 유형도 상황에 따라 전략적으로 이용할 수 있습니다. 갈등이 적절하게 유지되는 선에서 전체주의 유형은 효율적으로 기능할 수 있습니다. 어떤 상황에는 아주 적합한 통제 시스템이죠. 이러한 통제 상태를 유지하다 다시 외부와 교류를 확대하고 시장을 개척하여 성장의 흐름을 타게 된다면, 제국주의 시스템 상태로 복귀할 수 있는 것입니다. 그러나 공포정치로 인한 갈등이 심화되어 어떤 한계를 넘어서는 경우에는 집단적인 저항이 일어나게 되고, 그 과정에서 사람들은 외부 문제에 대해 전혀 신경 쓰지 않고 자신의 생존에만 집중하게 됩니다. 즉, 개방성은 더 떨어지게 되는 거죠. 제국주의 시스템으로의 복귀는 점점 멀어집니다. 그렇다면 이제 갈 길은 사회적 분열 유형밖에 없네요.

한국에서의 '까르푸'를 전체주의 문화의 한 사례로 들 수 있겠습니다. 이견이 분분하겠지만, 경영전략상에서 오히려 기업문화를 잘 이용한 사례로 들어볼까 합니다. 까르푸는 원래 프랑스의 유통 그룹으로서 제국주의 문화로 성공한 기업이었습니다. 내부의 응집력은 없었지만, 상당히 개방적인 문화를 가졌었고, 고도의 시스템을 바탕으로 적절한 자기 혁신과 시장 개척을 통해 승승장구하던 기업이었죠. 그런데 이 회사가 '제국주의 전략에 따라' 한국 시장에 진출해서는, 역설적으로 제국주의 시스템의 미덕을 잃어버리고 한국 시장에 대해 눈과 귀를 닫아버렸습니다. 이마트, 홈플러스 등 성공하던 회사들에 대한 경쟁 분석도 잘 안 되었고, 특히 한국 소비자들에 대한 이마트와 롯데마트 등의 대응 방식을 이들은 알지 못했죠. 아마도 분석은 했을 겁니다. 하지만 글로벌 기업인 자신들이 갖고 있던 노하우를 더 신뢰하였을 것입니다. 그게 학자형 회사처럼 개방성이 떨어지는 회사가 되는 징후이죠. 기억하시죠? '진리는 내부에 있다는 믿음'이 개방성이 떨어지는 회사의 특징이라는 점. 투자는 계속되는데 사업은 안 됩니다. 계속 확장을 해야만 투자 자본의 회전이 가능하고, 내부 인력과 거대 유통 시스템이 유지될 수 있을 텐데 말이죠. 이후, 결과는 어땠나요? 아시다시피 까르푸는 공포정치를 썼습니다. 그러고는 내부의 극심한 노사 갈등에 시달렸죠. 이 과정의

이면에서 까르푸는 회사를 매각하는 협상을 계속 진행하였습니다. 내부 갈등은 점점 심해져 기업문화 유형상 사회적 분열 상태에 다다랐고, 사람들은 자발적으로 회사를 떠날 준비가 되었습니다. 그리고 까르푸는 사업을 완전히 철수하였습니다. 사업을 철수하기 위한 경영전략과 그에 적합한 분열 상태의 기업문화가 손발이 척척 맞아 떨어진 것 같지 않나요? 이 회사 역시 원래 의미로서의 '자본주의 윤리'를 갖추지 못했지만 말이죠. 그것도 프랑스 기업인데도! 하지만, 전체주의 문화의 유형을 경영전략에 적절히 응용한 사례로 들기엔 손색 없습니다.

매 트 릭 스 는
패 턴 에 따 라
진 화 한 다

역시 〈매트릭스 2 - 리로디드〉의 한 장면입니다. 소스에서 아키텍트를 만난 네오는 현재의 매트릭스 이전에 존재했던 다른 매트릭스들에 대한 얘기를 듣고는 경악합니다. 아키텍트에 따르면 지금의 매트릭스는 여섯 번째 버전이었던 것이죠. 우리는 이로부터 기업문화에도 여러 유형이 있을 수 있다는 사실을 같이 보았습니다.

그러나 네오가 더한 충격을 받은 것은 그 다음 얘기입니다. 요약해서 정리하면 대충 이런 의미죠.
"기존에도 너, 네오와 같은 존재가 여럿 있었다. 그리고 그들은 또 다른 매트릭스의 탄생에 기여하였다. 넌 혁명을 하고 있다고 생각할지 모르겠지만 결국 너라는 존재가 있음으로 해서 매트릭스는 오히려 진화할 수 있었던 것이다."
기존의 여러 매트릭스는 '인간을 건전지로 만들기 위한 경영'에서 각각 나름대로 기능을 해오다가 네오 같은 일종의 '변이들'이 내부에서 생겨

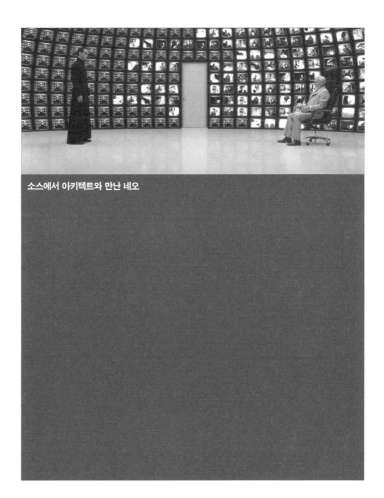

소스에서 아키텍트와 만난 네오

났고 이를 처리하는 과정에서 진화를 거듭해온 것이죠. 그리고 그 '내부의 변이'는 매트릭스 외부의 여러 환경적 요인에 의해 만들어집니다. 예컨대 매트릭스 외부에 있던 모피어스가 매트릭스 내부의 네오를 찾아내 훈련시키고 각성시켰기에 네오가 일종의 변이가 된 것처럼 말이죠.

이처럼 기업문화 역시 한 유형에서 다른 유형으로 진화해갑니다. 그 요인은 기본적으로 기업 내부에 있습니다. 기존 기업문화의 질서를 벗어나는 '변종' 현상들이 차곡차곡 쌓여가는 데 있습니다. 그러나 인간과 기계의 전쟁이 어떻게 이루어지느냐에 따라 매트릭스 내부에 변화가 오듯이, 기업문화에 변화를 가져오는 내부 요인 역시 외부 경영 환경의 변화와 그에 대한 대응이 어떻게 일어나느냐에 따라 달라지는 것이죠.

거꾸로 경영의 입장에서 생각해봅시다. 우리가 기계의 입장이 되어보는 겁니다. 인간과의 전쟁 상황이 급속하게 바뀐다면 그에 가장 잘 대응하기 위해 매트릭스를 바꿔야겠죠. 2, 3편에서처럼 스미스 요원 같은 무한 증식하는 바이러스가 퍼져나가 매트릭스 자체를 위협하는 사건을 예로 들 수 있겠네요. 이때 기계가 택한 것은 네오와의 협상이었죠. 그리하여 또 다른 형태의 매트릭스 – 3편의 마지막에서 암시한 바와 같이 그 안의 사람들이 보다 자유로운 삶을 살 수 있게 한 매트릭스 – 를 전략적으로 선택하여 그 방향으로 변환시켰던 것이죠. 마찬가지로 경영

환경의 변화가 생길 경우에는 그에 적합한 기업문화 유형으로 진화시켜야 합니다. 경영전략에 따라 기업문화 유형을 변환transformation하는 작업을 해야 하는 것입니다.

영화 〈매트릭스〉에는 기독교, 장자, 불교, 그리고 구조주의와 포스트구조주의의 여러 사상들이 연금술처럼 버무려져 있습니다. 그러나 영화 전체를 관통하는 가장 큰 틀은 기독교 성서의 구조입니다. 구약으로부터 시작된 여러 매트릭스를 궁극적으로 바꾸는 신약의 그리스도가 바로 네오인 것이죠. 그 최후의 방법 역시 '그리스도의 희생'이었습니다. 이 점을 고려해볼 때, 우리는 매트릭스의 진화 과정을 다음과 같이 유추해볼 수 있습니다. 그리고 그 진화는 일정한 패턴 안에서 이루어짐을 또한 볼 수 있습니다. 기독교인들에게 성서는 '언제나' 옳듯이 말이죠.

"처음의 매트릭스는 완벽했지"라고 아키텍트는 말합니다. 고통이 없는 세상이었죠. 구약 성서의 '에덴동산'입니다. 첫 번째 매트릭스는 우리가 다루고 있는 기업문화 유형의 자급자족형 공동체처럼 그 자체로 완전한 사회였습니다. 그러나 금기는 이내 깨져버립니다. 금기의 위반은 새로운 소명을 잉태하기 마련이고, 이는 공동체의 진화로 이어집니다. 아담과 이브가 '자손을 낳아 번식하는 존재'가 되었듯이 자급자족형 공동체는 이제 두 번째 매트릭스인 정복자형 공동체로 진화합니다. 인류는 계속 더 불어납니다. 매트릭스 역시 그에 따라 커져야만 할 테니 이제 정복자형 공동체는 어떠한 형태로든 다시 진화를 해야만 하겠죠. 어느 방향으로 진화를 했을까요? 성서에 따르면 아브라함을 조상으로 하는 유대 사회로 진화하였죠. 야훼에 대한 믿음에 기반을 둔 응집력을 유지하면서도 체계와 제도를 갖춘 합리적 사회인 기업가형으로 진화한 것이었습니다. 그러나 인간은 신을 버립니다. 자신들의 무한 증식만이 목적이 되어버립니다. 응집력을 상실하여 제국주의 시스템으로 변환되었던 거죠. 제국주의 사회는 무모하게도 바벨탑을 쌓습니다. 신에 도전한 벌은 가혹하여 모두가 다른 언어를 쓰게 되고 결국 서로 소통을 하지 못하게 되었습니다. 이는 교류exchange가 없어졌음을 의미합니다. 기업문화 유형의 축에서 아래쪽으로 내려오게 되는 것이죠. 전체주의 유형으로 내려오게 되나 이내 뿔뿔이 흩어져 사회적 분열 유형이 되어버립니다. 바벨탑 이후의 매트릭스는 이제 '그리스도의 도래'를 기다려야만 합니다. 네오는 그렇게 탄생 자체가 예비되었습니다. 새로운 매트릭스로 진화를 시켜야만 하는 기계 입장에서도 네오는 꼭 필요하였고, 매트릭스 바깥의 인간 입장에서도 그리스도라는 존재가 필요하였던 것입니다. 이것은 어쩌면 우리의 운명일지도 모르겠습니다. 우리는, 경영을 위해서 기업 문화를 바꾸고자 하지만, 동시에 그러한 작업은 그 문화 안에 있는 성원들에게도 '가장 적합한' 환경을 만들어주고자 하는 것일 테니까요.

3

경영전략에 기업문화 활용하기

:

기업문화의 진화

의도대로 바꾸는 체질

———

사람의 체질은 영원불변일까요? 아닙니다. 시간이 지남에 따라 체질이 변하기도 하고, 생활 방식에 맞지 않을 경우에는 어떤 처방과 운동 요법 같은 것으로 본인의 체질을 바꾸기도 합니다. 기업문화의 유형도 꼭 그러합니다. 세월이 지나면서, 사람들이 바뀌어가면서, 그리고 경영 환경이 변화하고, 그에 따른 인사 제도나 경영전략 등 여러 대응 방식들, 그러니까 여러 사건들이 영향을 미침에 따라 한 기업의 문화도 진화하고 바뀌어갑니다.

먼저 응집력이 강한 기업문화 중 공동체형 회사에 대해 이야기해볼까요?

갱 두목이 된 성직자

유형을 분류하는 세 가지 기준, 즉 응집력, 교류, 체계성의 축에 직접 해당하는 것은 아니지만, 대체로 공동체 유형에서 나타나는 주요한 문화적 특징들이 있습니다. 이러한 특징이 어떻게 전략과 결합되느냐에 따라 기업문화 유형의 진화와 변형이 오게 됩니다.

공동체형 문화에서는 으레 강한 카리스마를 가진 지도자가 있습니다. 애플의 스티브 잡스가 딱 떠오르시죠? 앞에서 자급자족형 공동체의 예로 들었던 공연기획사를 기억하시나요? 거기에는 '선생님' 한 분이 계십니다. 사람들은 거의 교주처럼 그 선생님을 모시고 있죠. 이미 은퇴했지만, 그 영향력은 기업문화 전반을 지배하고 있었습니다. 사람들의 대화가 이런 식이었죠. "그건 선생님의 가르침이 아니야. 난 반대야." 그렇습니다. 그 지도자는 '소명, 곧 존재의 이유'의 강한 상징 자체인 것입니다.

그런데 카리스마를 가진 지도자가 어떤 이유로 갑자기 회사를 떠나게 되면 어떻게 될까요? 구심점을 잃게 되어 응집력이 급격히 사라질 수도 있습니다. 이 경우 보통 사회적 분열이나 제국주의 갱 유형으로 옮겨가기 쉽습니다. 같은 위치에 있는 다른 사분면으로 이동하기가 더 쉬우니까요.[23] 정복자형 공동체가 제국주의 갱으로 변환한 경우 카리스마 있는 지도자의 자리에 새로 앉은 사람은 지도자라기보다는 '갱 두목'이 됩니다. 그렇기 때문에 정복자형 공동체의 지도자가 회사를 떠나야 하는 상황이라면 상징적 권력의 이양 과정을 일정 기간 마련하는 것이 필요합니다. '소명의 상징'을 다른 사람이나 부서, 회사 전체로 옮겨놓는 작업을 해야만 '신도'들의 상실감을 예방할 수 있는 것이죠. 이처럼 기업문화 유형을 알면 이를 전략적으로 이용할 수 있습니다.

공동체 유형의 문화에서 사람들은 외부에 대해 일종의 배타성을 보입니다. 서로 암묵적으로 공유하는 어떤 무형의 규범 같은 게 강하게 작용해서 이심전심으로 움직이지만, 한편으로는 그들과는 다른 '외부의 사람들과 구별되는 존재'로서 자신을 인식하고 있죠. 배타성이 심화되면 폐쇄적인 문화가 형성될 수 있습니다. 교류가 막히게 되는 것이죠. 이렇게 되면 회사의 규모가 작은 경우 자급자족형으로 퇴행하게 되고, 규모가 크고 체계를 더 마련해가는 경우에는 기업가형이 되는 게 아니라 학자형 회사의 문화로 변형되기 마련입니다.

또한 공동체형 기업문화에서는 구성원이 회사를 떠나게 될 경

23

이는 구조주의 관점에서 볼 때 '유사성의 원리'에 따른 이동이라고 할 수 있습니다. 언어학적 관점에서 보자면 은유에 해당합니다. 구조주의 언어학의 전제에 따르면 언어로 사고하는 인간은 사고의 패턴 또한 언어적으로 구조되어 있는데, 은유(유사성)의 법칙과 환유(인접성)의 법칙이 바로 그 구조입니다. 예컨대 "고양이가 발톱으로 할퀸다"라는 문장에서 '고양이' 자리에 '여자'를 갖다놓는 경우 유사성의 원칙에 기반한 은유적 사고이고, '여자'를 떠올리면 '발톱'이 생각나고 '발톱'을 떠올리면 '할퀴는' 것이 생각나면 환유의 법칙입니다.

기업문화의 유형이 진화하는 방식도 구조주의의 법칙과 같습니다. 환유의 법칙에 따라 인접한 사분면으로 이동하거나(정복자형 공동체 → 기업가형 회사), 은유의 법칙에 따라 유사한 위치의 사분면으로 이동하는(정복자형 공동체 → 제국주의 갱) 것이 패턴입니다.

우 사회 적응에 상당한 어려움을 겪기도 합니다. 문화란 삶 자체라고 할 수 있는데, 이전의 강한 문화에 푹 젖어 있던 사람들이기 때문에 공동체형 회사를 그만두었을 때 심지어는 공황 증세를 겪다가 자살하는 경우도 있습니다. 그렇게까지는 아니더라도, 애플에 다니던 사람이 쉽게 IBM이나 HP로 옮긴다는 상상은 하기가 어렵네요. 때문에 공동체형 문화에서는 이직률도 낮습니다. 보상이 충분히 주어지지 않더라도 신념 자체가 보상이기 때문이지요. 이는 꼭 좋은 것만은 아닙니다. 조직 규모가 커질 경우, 인력의 정체 현상을 겪게 되지 않을까요? 사람들이 나가야 경영이 합리적으로 되는데, 사람들이 도무지 회사를 떠나지 않는 거죠. 이 경우 기업가형으로 전환하려다 실패하고 학자형 회사로 가게 될 가능성이 높습니다.

　다시 한 번 강조하건대, 이처럼 경영전략과 기업문화는 서로 영향을 주며 물고 물리는 관계입니다. 어떠한 전략으로 어떠한 정책을 쓰느냐가 내부의 기업문화에 어떤 형태로든 변형을 주게 되고, 또 변형된 기업문화는 다시 전략의 이행을 좌지우지합니다. 경영전략에 적합한 기업문화의 유형을 알고 이를 이용하는 것이 그만큼 중요합니다.

　여기 한 예를 더 보겠습니다. 제가 잠깐 카피라이터로 부업을

같은 사분면으로 이동(유사성의 원리)

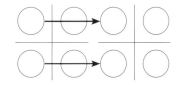

옆의 사분면으로 이동(인접성의 원리)

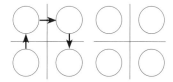

할 때 우연히 내부의 여러 사정을 알게 된 회사인데요, 기업문화 관점에서 아주 흥미로운 사례라 유심히 관찰했습니다. 식사와 술자리를 이용해 사장에서부터 직원들까지 몰래 인터뷰도 진행했습니다. 이 자리를 빌려 사과의 말씀을 드립니다. 하지만 사실 보수도 안 받고 순전히 지적인 호기심에서 컨설팅을 해드리려고 했는데 제 얘기를 귀담아 듣지 않더라고요. 학자형 회사 유형이 가지는 폐쇄성에 말미암은 것이지요. 때문에 여기에서도 회사명은 밝힐 수 없음을 양해해주십시오. 자, 지금부터는 어느 PR/마케팅 대행사의 기업문화 얘기입니다.

부적절한 치료의 결과

어떤 '선각자'가 있었습니다. 그는 외국 유학 기간 중 현지의 사례들을 보고서는 이런 생각을 하게 됩니다. "일반 기업들은 홍보가 그들의 전문적인 영역이 아니다. PRpublic relations의 프로들이 모여 기업의 홍보를 대행해준다면 기업들은 자신의 본업에 더욱 충실할 수 있고, 우리의 전문 홍보 덕에 더 큰 성과를 거둘 수 있을 것이다." 그러고는 그의 뜻에 동참한 몇몇 사람들과 함께 홍보대행사를 창업합니다. 사무실도 없이 말이죠. 자급자족형 공동체의 시작이었습니다.

창업자는 카리스마 있는 사람이었습니다. 그의 소명에 동조하고 홍보에 몸 바칠 사람들이 속속 모여들었습니다. 초기의 고객사 몇몇이 그들의 덕을 많이 보았고, 이에 따라 고객들도 점점 늘어났습니다. 외부와의 교류가 조금씩 많아지게 된 것이죠. 회사는 서서히 정복자형 공동체의 모습을 띠어갑니다. 홍보에 대한 일관된 신념뿐만 아니라 회사에 대한 강한 소속감도 생겨났습니다. 고객사들도 그렇고, 내부 성원들도 그렇고, 서로서로 창업자와 그 동료들의 이야기를 하며 이를 재생산하였습니다. 말 그대로 창업 시기는 신화의 시대였고, 그 신화의 시대를 자기들도 '지금' 살고 있다는 생각을 하고 있었던 것이죠.

또한 회사는 강한 상징을 내부적으로 활용하였습니다. 훌륭한 디자인의 로고logo와 컬러 아이덴티티color identity, 그리고 이를 활용한 인테리어 및 여러 소품들까지…… "아니 무슨 롯데월드도 아니고, 왜 비슷한 옷을 입고 같은 물건을 쓰면서 홍보 일을 하는 거죠?" 이렇게 물으시는 분은 잠시만 시간을 내어 앞장으로 돌아가 보기 바랍니다. 그게 바로 강한 정복자형 공동체 기업의 문화 패턴입니다. 물론 내부 응집력이 있는 한에서요. 응집력 없이 겉보기만 그런 경우는 어떤 유형이라고요? 맞습니다. 제국주의 갱 유형이죠. 이 회사는 창업자의 소명을 구심점으로 강한 응집력이 형성되어 있었습니다. 이에 따른 상징의 활용은 경영진에서 전략적으로 그렇게 한 것도 있었겠지만 공동체의 성원들이 이를 원하였던 측면이 더 컸습니다. 남들과 구별되는 자신들만의 독특한 정체성을 가지려 했던 것이죠. 그야말로 '공동체적'이었다고 아니할 수 없습니다.

강한 문화 코드도 공유합니다. 특정한 행동 패턴이 저절로 형성되었죠. 그중 하나로 '가까이 있기proximity'를 꼽을 수 있겠습니다. 사람들은 '고객사의 자리에서 마치 고객사의 홍보팀이 된 것처럼' 일을 하였습니다. 그게 이들에게는 특별할 것도 없는 당연한 것이었죠. 공동체의 보이지 않는 규범이니까요.

성과는 좋아지고 규모는 날로 커져갑니다. 나중에는 수요가 공급을 초과하는 정도에까지 이르렀다고 하네요. 홍보 대행이라는 일이 클라이언트 회사의 일을 어떤 사람이나 팀이 맡아 진행하는 형태이기 때문에 일을 더 많이 하려면 사람이 더 필요한 법입니다. 여기서 회사는 전략의 전환을 모색합니다. 여러분이라면 어떤 선택을 하시겠습니까?

정복자형 공동체 문화를 유지하려면 급격한 충원은 하지 말아야 합니다. 공동체는 배타성이 필요한데, 외부의 사람들이 급격하게 들어올 경우 내부의 응집력 역시 빠른 속도로 변형됩니다. 그렇다면 지금의 규모와 응집력을 가능한 한 유지하면서 진행하는 프로젝트의 개수가 아니라 부가 가치를 높이는 전략을 택해야겠죠. 즉, 같은 인력으로 더 비싼 프로젝트를 따온다 이거죠.

하지만 경영진은 아무리 싼 프로젝트라도 놓칠 수는 없다고 판단하고 있었죠. 게다가 내부 상징체계를 구축하며 쌓은 디자인과 IT 노하우를 활용하여 다른 사업으로 확장하려는 계획도 있었습니다. 어차피 규모의 증대는 가려 했던 길이었습니다.

그렇다면 기업가형으로 전환하는 것이 가장 이상적이라 할 수 있겠죠. 응집력을 유지하면서 체계성을 갖추어가는 형태입니다. 막스 베버가 얘기했던 '교파에서 교회로의 진화' 기억하시나요? '가르침'의 본질은 잃지 않되 체계화된 경전, 여러 조직 체계와 운영 체계를 갖추는 것이죠. 소명에 부합하는 선에서 관련된 분야로 제한된 확장을 꾀하고요. 헌금 많이 걷을 수 있다고 불교가 기독교로 될 수는 없는 노릇이지요.

그러나 불행히도 이 회사는 우리처럼 기업문화에 대한 전략적인 마인드를 가지지 못했나 봅니다. 경영진은 제국주의 시스템 유형에 적합한 여러 정책들을 쓰게 됩니다.

회사는 대규모 인원을 새로 충원하고 인사 시스템을 재구축합니다. 새 인사 시스템은 모든 보상을 재무적 성과로 측정하도록 하였습니다. 내부에서도 서로간의 경쟁 시스템을 도입하였습니다.

조직 체계도 바뀝니다. 프로젝트 별로 유동적이었던 팀 제도는 기능에 따라 고정된 여러 팀으로 분할됩니다. 기획에서 필드까지 다 뛰는 사람, 즉 나가서 홍보해서 돈 벌어 오는 '홍보맨'들로만 구성되어 있던 공동체의 구조를, 아주 '체계적으로' 분할해가기 시작한 것입니다. 인사부서, 영업부서, 기획부서, 프로젝트 수행 부서, 디자인 부서, IT 부서……. 이런 식으로 말이죠.

내부의 기능 구조로 볼 때, 이 회사는 기본적으로 '전사warrior'

144

기능이 지배적인 공동체였다고 할 수 있습니다. 유목민 특성이라고나 할까요? 몽고 유목민들에게 사농공상의 유교 문화적 구조가 안 맞는 것처럼 모든 문화에는 그에 적합한 기능 구조가 있습니다. 그런데 이에 대한 고려 없이 기계적으로 조직 구조에 변형을 준 정책은 기업문화를 의도하지 않은 기이한 방향으로 변화시킬 가능성이 높습니다.

사람들은 애초의 소명을 급격히 잃어갑니다. 서로는 경쟁 상대일 뿐이고, 일을 하는 목적은 '돈' 혹은 '자신의 몸값'이 되어갔습니다. 공동체 내부에서 자유롭던 소통도 이제 잘 되지가 않습니다. 인사는 인사, 영업은 영업, IT는 IT만 하면 되었으니까요.

이렇게 의도하지 않았던 현상을 접한 회사는 대책을 마련합니다. 그 대책이란 게 기존의 공동체 마인드를 다시 강하게 강조하는 것이었죠. '서로 뭉치자!'는 구호에 기반을 둔 정책이었습니다. 자주 회식이나 파티를 마련하였고 내부 상징을 활용하는 기존 정책도 더 강화하였습니다. 그러나 불행히도 응집력의 핵심인 소명과 창업 신화는 전혀 재생산되지 않았습니다. 이를 재생산하려는 노력도 했으나, 현재 벌이고 있던 사업과 내부의 정책은 이미 기존의 소명과는 많이 달라진 상태였습니다. 회사는 초기의 소명과 관계없는, 정확히 얘기하자면 소명과 관계가 없다고 '사람들에게 인식되는' 사업들을 많이 벌이고 있었던 것이죠. 디자인, IT, 교육 사업 등등…….

사람들은 오히려 창업 신화를 '다시는 돌아갈 수 없는 유년의 이야기'로만 인식하였습니다. 차라리 창업과 관련된 옛날이야기를 모르는 게 더 나았을 것입니다. 사람들이 '유년기'를 아예 모르면 제국주의 시스템으로 기업문화를 전환하는 데 그나마 도움이 될 것인데, '응집해야 한다'는 당위는 계속 주어졌으니 쪼개고 쪼개놓은 '팀 안에서만의 응집력'으로 변질되어버렸습니다. 팀끼리만 뭉치게 되었고, 다른 팀은 적이 되어버린 것이죠. 팀 사이의 교류는 더욱 단절되어갑니다. 또한 창업의 이야기 속에 등장하는 창업 멤버 중의 일부를 중심으로 한 파벌주의가 생겨납니다.

요점은 이렇습니다. 제국주의 기업문화이건 기업가형 문화이건 간에 어떤 유형을 전략적으로 선택한 후 그에 적합한 정책을 '일관되게' 써야 했습니다. 그렇지 않았기 때문에 그들의 기업문화는 전혀 의도하지 않았던 형태로 변질되어갑니다.

위의 현상들은 어디서 많이 본 문화 유형 아닌가요? 그렇습니다. 제국주의 갱 유형에서 나타나는 문화적 징후들입니다. 똑같은 상징을 쓰고 비슷한 행동을 하기에 겉보기에는 뭉쳐 있는 듯 보이나 내부에서는 약육강식의 전투가 진행되고 있는 갱단 말이죠. 새로 입사하는 사람들은 이제 회사를 '더 좋은 데로 옮겨가기 위해 일 배우고 경력 쌓는 징검다리' 정도로 생각하게 됩니다. 중간 보스들은 이러한 '임시 용병'들을 모아 자신의 세력을 키우는 권력 투쟁도 벌이게 됩니다. '선지자의 카리스마'는 용병들에겐 통하지 않았으니까요. 파벌주의는 서로간 교류의 차단을 심화시켰습니다.

교류의 차단과 함께 외부 환경에 대한 정보의 흐름마저 막혔죠. 경쟁사들은 빠르게 성장하고 있었으나[24] 이에 대한 대응은 느려질 수밖에 없었습니다. 회사는 수익 창출에도 실패하고 있었습니다. 짐을 꾸리는 용병들이 하나 둘 생겨나고, 경영진은 일과의 대부분을 떠나는 사람들 붙잡는 데에 할애하게 됩니다.

제국주의 갱 유형에서 안팎의 교류가 차단되면 어느 유형으로 가던가요? 맞습니다. 사회적 분열 유형입니다. 회사는 분열 일보 직전까지 다다릅니다.

이를 직관적으로 간파한 창업자는 회사를 떠났습니다. 그러고는 또 다른 정복자형 공동체를 만듭니다. 그는 능력과 카리스마로 다시 공동체의 지도자가 되었고, 새로 만든 그 회사는 역시 빠르게 성장하고 있습니다. 나중에 얘기를 들어볼 기회가 있었

24
같은 사업을 하는 경쟁사들이 많이 생겨나고 성장하고 있다는 것은, 한편으로 창업 시기 그들이 가졌던 소명이 이제 더 이상 특별하고 새로운 것이 아니라는 사실을 의미하기도 합니다. 더 이상 '그 특별한 신념을 가진 공동체의 성원이 되고자 하는 사람'을 모집하기가 어렵게 된 것이죠. 용병들이 모일 수밖에 없어요. 게다가 차별화된 정체성마저 잃었으니까요.

는데, 이번 회사는 소규모 게릴라 형태로만 운영하려 구상하고 있더군요. 제가 보기에 그의 이런 생각은 참으로 옳습니다. 그는 공동체의 지도자로서는 적임자였지만 기업의 경영자로서는 그리 적합하지 않았으니까요.

제가 아는 이야기는 여기까지입니다. 3년 전에 제가 알던 사람들은 대부분 회사를 떠났더군요. 회사는 '한때 영광을 누렸으나 이제는 그저 그런 회사'의 모습이 되어 있었습니다. 이후 체계를 갖추고자 기울인 노력은 어느 정도 완성되었고, 남아 있는 사람들끼리의 결속력은 꽤 높은 상태였습니다. 유형상으로는 학자형 회사가 되었고요. 다행히 내부 직원들은 그 상황에 만족하고 있었고, 자기 직업도 사랑하면서 잘 지내고 있는 듯 보였습니다. 비전만 크게 세우지 않는다면야 지금 상황도 나쁘지는 않아 보였습니다.

정리해봅시다. 이 회사가 어떠한 유형으로 변화해왔는지를 그림으로 그려보겠습니다.

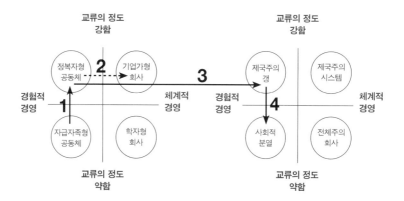

1 소명에 기반한 창업과 성공, 정복자형 공동체로 진화
2 기업가형으로 진화를 시도해야 할 환경이었으나 제국주의 시스템 정책 도입
3 응집력의 상실, 제국주의 갱으로 진화
4 제국주의의 존재 이유인 성장의 정체, 사회적 분열로 이동

같은 옷을 입은 IBM

———

IBM은 창업 때부터 기업가형 회사 유형으로 시작했습니다.[25] 창업자 토마스 왓슨Thomas Watson은 "세상은 진보한다. 그러므로 언제나 새로운 것을 추구한다"는 강한 신념을 가진 사람이었습니다. 그는 1914년 컴퓨팅 타블레이팅 리코딩 컴퍼니CTR라는 회사의 사장으로 취임하게 되었죠. 펀치카드를 개발한 CTR은 세 개 회사가 합병한 회사로 이미 규모가 상당했죠. 정복자형 공동체 유형을 넘어서는 체계성을 이미 갖춘 회사였던 것입니다. 좌표에서 체계성 축의 오른쪽에 있네요.

1924년 왓슨은 회사 이름을 인터내셔널 비즈니스 머신 International Business Machine으로 바꿉니다. IBM의 시작이었죠. 왓슨은 자신의 신념을 종업원들에게 끊임없이 강조하였고 IBM만의 고유한 기업문화를 형성하였습니다. 우리 용어로 얘기하자면, 응집력을 강하게 추구하였다고 할 수 있죠.

IBM은 "끊임없이 새로운 것을 세상에 내놓는다"는 왓슨의 신념에 기반을 둔 소명을 가진 회사로 '변하게' 된 것입니다. 실제로 이러한 소명에 따라 IBM은 1920년대와 1930년대에 정보 처

25

IBM과 관련된 내용은 《목적purpose》(니코스 마우로코지아니스 지음, 부즈앤컴퍼니 옮김, 청림출판, 2006)을 참고하였습니다. 이 책에서 지은이는 '목적을 가진 회사들'의 업적에 대해 흥미로운 논의를 전개하고 있습니다. 꼭 한 번 읽어보시라고 추천합니다. 단, 기업문화에 대해서는 언제나 상대주의 관점을 유지해주십시오. 지은이는 우리가 쓰고 있는 '소명'의 개념과 유사한 의미로서 목적이라는 개념을 사용하고 있습니다. 그러나 지은이가 말하는 것처럼 목적을 가진 기업만이 위대한 것은 아닙니다. 목적을 가지는 것은 응집력을 추구하는 기업문화 유형에 해당되는 전략이라는 사실을 아는 당신이라면 이 책이 더 흥미롭지 않을까 싶네요. 문화는 이처럼 '전체를 한꺼번에 보는 눈' 앞에서만 그 모습을 드러냅니다.

리와 타블레이팅tabulating 부문에서 수많은 신기술과 발명품을 선보입니다. 컴퓨터 사업을 시작하는 것도 이 소명에 따른 것이지요. 컴퓨터는 세상을 진보로 이끌 가장 새로운 무기니까요.

소명은 엄격한 원칙이었고 이에 헌신하는 사람만이 조직원이 될 수 있었습니다. 그리고 응집력을 강화하고 유지하는 여러 장치들을 마련하였죠. 직원들이 수시로 부르는 사가[26]가 있었고요, 당시의 분위기와는 안 어울리게 칙칙한 남색 양복을 입어야만 했고요, 직원들이 술 마시는 것도 금지했다고 하네요. 게다가 우리식으로 얘기하면 '공채'가 채용의 주된 방식이었다고 합니다. IBM만의 독특한 기업문화를 희석시키지 않기 위해 나온 채용 정책이었죠. 우리가 흔히 생각하는 '미국 기업'과는 좀 안 어울리는 특이한 기업문화입니다. 더욱 중요한 점은 강한 규율이 있었다는 것입니다. IBM에서는 편안하게 기득권을 유지하려는 생각은 절대 금물이었습니다. IBM의 소명에 따라 그들은 항상 제품을 발전시키기 위하여 노력하고 소비자의 요구를 지속적으로 발견해야 했으며, 서비스 향상 방안을 끊임없이 고안해내야 했습니다. 'THINK'라는 현재의 슬로건은 이러한 기업문화에서 그 기원을 찾을 수 있습니다.

엄격한 규율은 역설적으로 IBM의 개방성을 극도로 높였습니다.

26
IBM의 사가社歌는 왓슨과 IBM의 소명을 잘 드러내줍니다. '영원한 전진ever onward'이라는 사가의 가사는 이렇습니다. "더 중요한 일이 기다리며 새로운 일이 등장하리라는 것이 사방에서 느껴지네. 우리 목표는 분명하다네. 해마다 전년도의 성과를 뛰어넘는 것이지."

출근시간을 따지는 것은 별로 중요하지 않은 문제가 될 정도로 모든 사원들은 밖에서, 즉 고객이 있는 곳에서 그들의 요구를 파악하는 것을 첫째 규범으로 삼았습니다. 좌표로 가볼까요? 교류의 축에서 위쪽에 있겠네요.

자, 이제 기업문화의 유형을 분석해보았나요? 네, IBM은 기업가형 회사 유형으로 출발한 회사라고 할 수 있습니다. 왓슨은 기업가형 문화를 직관적으로 알고 있었고, 이에 적합한 정책들을 일관되게 시행했다고 볼 수 있습니다. 응집력의 추구, 개방성의 증대, 자동화된 체계의 완성, 이 세 가지 축을 따라 기업문화를 형성하고 발전시켜온 것이지요.

앞에서 기업가형 회사에서는 목표 중심의 경영을 하고, 그러므로 소명만큼이나 비전이 중요한 자리를 차지한다고 하였습니다. IBM은 '새로움', '진보'로 요약될 수 있는 소명 자체에 이미 비저너리visionary한 요소가 들어 있었다고 보입니다. 그렇기 때문에 IBM은 끝없는 성장과 확장이 가능했던 것이죠. 사실 이 소명은 응집력이 강한 다른 기업들에 비해서는 오히려 제국주의 특성이 강합니다. 새로운 거라면 뭐 아무거나 다 할 수 있지 않겠습니까? 하지만 그는 응집력을 강화하는 다양한 장치들을 만들었고, '기술이 세상을 새롭게 한다'는 그의 개인적인 강한 신념[27]

27
왓슨의 퇴임 역시 기술 변화를 위해서는 새로운 리더가 필요하다는 생각으로부터 나온 결정이었다고 하네요. 소명으로부터 비롯된 생각이라고 할 수 있겠습니다.

이 그 장치들을 통해 내재화되었기 때문에 그 소명의 제국주의 성격에도 불구하고, 아니 소명의 제국주의 성격 때문에 오히려 개방성을 유지하며 체계와 응집력을 갖추게 되어 기업가형 문화를 형성했던 것입니다.

정복자형 공동체 문화를 가진 애플과 잠깐 비교해볼까요? 애플이 훨씬 공동체적인 성격, 즉 응집력이 강하다는 말씀은 굳이 안 드려도 알 것입니다. 여기선 주로 전략상의 차이점을 논하도록 하지요. 기업가형 회사인 IBM은 정복자형 공동체인 애플에 비해 훨씬 다양한 브랜드 라인과 사업 포트폴리오를 갖고 있습니다. '기술로 새로운 것을 추구한다'는 소명을 실현하는 사업인 한에서는 다양한 브랜드 라인을 추구하는 것이죠. 이와 달리 애플은 몇 개의 대표 브랜드만을 가지고 있죠. 그리고 다른 사업 분야로의 진출은 모색하지 않습니다.

기업가형 회사와 정복자형 공동체는 규모와 그에 따른 체계성의 차이도 크죠. IBM의 규모는 애플과 비할 바가 아닙니다. IBM은 전 세계에 법인을 두고 그 법인들을 관리할 체계적인 관리 시스템을 갖추고 있습니다. 반면, 애플은 본사와 몇 개 지사 중심의 운영에 오직 직영점에서만 판매하는 단순한 체계입니다.

그런데 여기서 한 가지 의문이 듭니다. 기업가형 회사가 응집력을 잃어가면 어떻게 될까요? IBM의 사례에서 그 해답의 단초를 볼 수가 있습니다.

1980년대와 90년대 초 경영자들이 계속 바뀌는 동안 IBM은 응집력을 잃게 됩니다. 몇몇 경영자들은 IBM에 적합한 기업문화, 즉 기업가형 문화를 간과한 정책들을 시행한 것이지요. 자세히는 모르겠지만 아마도 제국주의형의 그것들이었을 겁니다. 많은 미국 기업들이 택하고 있는 전략이고, 가장 '옳은 전략'으로 경영학 교과서에 나온 것이니까요. 확실한 것은 그 시기에 IBM은 과거의 영화를 잃어갔고, 결국은 오히려 '전통적인 문화로 전환하기 위한' 노력을 기울였다는 사실입니다. 경영자들은 기업문화가 무언가 잘못된 방향으로 갔다는 사실을 뒤늦게 깨닫게 된 것이죠. 전통적인 남색 복장을 다시 입게 하고 여러 강한 규율들을 다시 만들었지만, 그게 생각대로 되지는 않았습니다. 기업문화라는 게 단지 옷 입는 방식이나 규율 같은 형식이라면 누구나 쉽게 바꿀 수 있게요?

이러한 정책들은 오히려 IBM을 제국주의갱과 사회적 분열 유형으로 가도록 하였습니다. 앞에서 맥도날드의 예를 들었죠? 조폭 기업의 예도 들었죠? 같은 옷을 입고 같은 노래를 부르고 같은 규율을 형식적으로 가진다고 해서 응집력이 있다고 할 수는 없습니다. 소명과 그에 기반을 두어 형성된 문화 코드가 응집력을 이루는 요소인 것이죠. 그런데 당시 IBM은 이미 그것을 잃었습니다. 'IBM만의 기업문화'를 토대로 사업을 하던 사람들이었고 사업의 성격도 그러했으니 기업문화가 약해지고 나서는 어려움을 겪을 수밖에 없었지요. 내부는 조금씩 분열되었습니다. 퍼스널 컴퓨터 개발팀 같은 일부 집단은 기존의 소명과 가치체계에 따라 움직이는 정복자형 공동체 형태로 갔고, 다른 여러 집단들은 '무엇을 위해 일하는가'를 잃었기 때문에 '중간 보스'들을 중심으로 자신들의 이익만을 추구하는 제국주의 갱 문화가 되었습니다. 짜임새 있던 체계들은 조직 문화가 서로 달라지면서 기능을 못하게 되고 체계성이 떨어지게 되고, 이들간의 소통과 교류는 점점 단절될 수밖에 없었을 것이며 교류의 정도도 낮아지고, 개방성마저 떨어져 사회적 분열 유형으로 가는 패턴을 밟고 있었습니다.

1990년대에 들어서면서 IBM은 내부 혁신을 통하여 예전의 소명과 가치를 다시 끌어내기에 이릅니다. 그 결과 IBM은 다시 기업가형 회사로 거듭나게 됩니다. 통합 솔루션상의 메인프레임과 어드바이징 클라이언트 범위를 넘는 개발을 통하여 해당 서비스 분야에서 혁신가로서 다시 태어나게 되고, 사업 범위도 관련 컨설팅 분야로 확장해가며 그 입지를 새로이 다지게 됩니다.

사과를 다시 훔친 애플

애플에 대해서도 기업문화의 관점에서 해석해보고 싶다고요? 애플에 대해서는 벌써 여러 번 언급한 바 있습니다. 특히 공동체형 문화의 전형으로 말했습니다. 애플은 자급자족형 공동체로 시작하여 정복자형 공동체로 진화하였고, 지금도 정복자형 공동체의 문화를 계속 유지하며 세계 최고의 기업이 되었습니다. 그 특성도 모두 기억하시죠? 그런데 사실 애플이 진화하는 과정에서 기업의 흥망이 갈릴 뻔한 사건이 있었습니다. 그리고 제가 볼 때 그 사건은 기업문화의 유형 전략과 아주 밀접한 관계가 있습니다. 정복자형 공동체 애플이 1990년대에는 기업가형 회사 유형이 되려고 시도한 적이 있었다는 사실을 아시나요?

때는 1980년대 중반 정도로 거슬러 올라가겠네요. 애플과 매킨토시를 숭배하는 신도들에 의해 운영되고 그 신도들이 또 외부의 신도들을 '정복'해가던 '공동체' 애플이, 좀 더 다양한 제품 라인을 가지고 '신도가 아닌' 많은 일반 대중(?)들을 만나겠다는 '야심찬' 계획을 세웠습니다. 기업문화 유형을 아는 우리라면 이렇게 얘기해야겠죠? "아, 기업가형 회사에 적합한 전략을 택했

구나." 1980년대 중반에서 90년대 중반에 이르는 기간에 애플의 매출은 줄어들고 있었고, 경쟁 환경도 변화하였습니다. 운영 체제에서는 마이크로소프트가 점점 위협적인 세력으로 성장하고 있었고, PC 산업에서도 인텔과 IBM에 밀려 고전을 면치 못했습니다. 이에 애플은 디지털 카메라, PDA 분야로 사업의 범위를 확장하며 이에 대응합니다. 당연히 그래야 한다고요? 과연 그럴까요? 기업문화를 고려하지 않고 순전히 전략적인 관점에서, 예컨대 제국주의 시스템 유형의 문화를 가진 회사에서 내린 결정이라면 이는 옳습니다. 경영학 책에도 그렇게 나와 있겠지요. 그러나 기업문화를 고려한다면, 환경 변화에 대응을 하되 다른 방식으로, 즉 '기업문화에 적합한 방식으로' 해야 했던 것입니다. 그렇지 못했던 애플은 1990년대 중반까지 시장에서 점점 경쟁 지위를 잃어갔습니다.

애플은 굉장히 강한 공동체성을 보유한 집단이었습니다. 고객도 그 공동체의 일부였고요. 그 상징은 '한 입 베어 문 사과'[28]입니다만, 그 상징 안에는 "(세상의 규범을 거부하는) 나만의, 우리만의, 내 손안의, 애플만의 디자인으로"라는 일종의 교리가 숨어 있었고, 직원들과 고객들은 그 교리의 신봉자였죠. 그런데 다른 사람들을 그 안에 쉽게 들어오게 하겠다니요? '나'와 '우리'의 벽

28
'한 입 베어 문 사과'의 상징에서 왠지 에덴동산의 이브가 떠오르지는 않나요? '금기의 위반을 통한 새로운 질서의 창조'라는 이 모티프는 애플이라는 공동체의 상징으로 손색이 없어 보입니다.

을 쉽게 무너뜨리려 하다니요? 그것도 어떤 '입문식initiation' 같은 것도 없이 말이죠. 공동체성이 강한 문화에서 '입문식'의 중요성은 매우 큽니다. 종교학자 엘리아데Mercia Eliade의 정의에 따르면, 입문식을 거친 사람은 종교적, 사회적으로 '전혀 다른 존재'가 됩니다. 특히 어떤 비밀 결사나 동맹, 조합 등에 가입하거나 신비적인 소명감 같은 것을 부여 받을 때 입문식은 상징적으로 큰 중요성을 띱니다. 입문식에서 신참자들은 신화적 조상들에 의해 계시된 모범을 따라 전혀 다른 존재가 되는 종교적 과정을 밟습니다.29 우리의 맥락에 비추어 얘기하자면, 공동체 유형의 문화에 입문한다는 것은 강한 응집력의 공간 속으로 들어온다는 것을 의미합니다. 입문식을 거친 사람만이 공동체 성원의 자격을 얻게 된다는 뜻이죠. 생각해보세요. 그렇다면 그 과정 없이 들어온 사람들이 갑자기 다수가 되어버렸다면요? 강한 정체성이 흔들리기 시작합니다. 내부에선 예전과 같은 혁신적인 결과물들이 나오지 않고, 외부의 고객들은 애플을 외면하기 시작합니다.

한편으로 거기에 큰 원인이 되었던 것이 '교주' 스티브 잡스가 애플을 떠난 사건이었습니다. 창업자 스티브 잡스는 애플의 여러 정책에서 경영진들과는 견해가 달랐고, 결국 내분이 일어나 회사를 나오게 됩니다. 1985년의 일이었죠. 강력한 카리스마에

29
M. 엘리아데 지음, 박규태 옮김, 《종교의 의미─ 물음과 답변》, 서광사, 1991, 169~173쪽.

의해 운영되는 정복자형 공동체에서 다른 경영진들과의 상이한 견해로 인해 '쫓겨났다'는 것 자체가 이미 시스템에 기반을 둔 기업가형 회사의 경영 체제로 어느 정도 전환되었다는 반증입니다. 응집력의 구심점으로서 애플의 소명을 상징하던 카리스마가 사라짐으로써 공동체 성원들의 응집력은 급격히 떨어졌겠죠. 문화적으로 볼 때, 기업가형 회사로 적절히 전환하지 못해 제국주의 갱 유형으로 변형된 경우라고 볼 수 있습니다. 정복자형 공동체에서 응집력을 급격히 잃어버린 것이 가장 큰 원인이었죠. 이름은 애플이었으나 '뛰어난 기술 중심의 보통 IT 기업'으로 그 색깔이 바뀌게 됩니다. 내부 운영에서도 일반 미국 기업의 모습을 띠어갑니다. IBM이나 인텔, 마이크로소프트 등과 경쟁에서 지게 된다면, 즉 제국주의 갱 본연의 목적인 수익 및 성장에서마저 실패한다면 애플은 사회적 분열 유형으로 가게 되는 패턴이었죠. 이미 내부의 갱들은 목마름을 채워줄 무언가를 갈구하고 있었을 테고, 그것이 채워지지 않는다면 작은 갱을 만들어 조직을 떠나야죠.

이 상황에서 스티브 잡스가 다시 애플의 경영자로 복귀하게 됩니다. 물론 경영전략상의 이유에서였죠. OS 시장에 대응하는 일환으로 스티브 잡스가 따로 설립한 넥스트 사와 애플이 합병

하면서 애플로 돌아오게 된 것입니다. 그러나 그의 복귀는 단지 경영전략적인 의미만 갖는 것이 아니었습니다. '교주의 귀환'은 회사의 문화가 다시 정복자형 공동체로 화려하게 복귀함을 상징했던 것입니다. 갱단의 목마름은 채워졌고, 그들은 예전의 행복했던 시절로의 상징적 복귀를 자축하며 기꺼이 애플의 신도들로 다시 바뀌었죠. 그리고 공동체 유형의 전략은 더욱 확고하게 자리 잡습니다. '창의성과 혁신', 그리고 '배타성'이라는 문화 코드가 발휘된 아이맥iMac을 시작으로, 아이팟iPod과 아이튠즈iTunes, 그리고 아이폰iPhone까지, 애플 공동체의 전성기는 다시 시작됩니다. '애플 스토어'라는 애플만을 취급하는 직영점에서 외부의 애플 신도들은 여전히 줄을 서서 기꺼이 그 공동체의 일원이 되려 하고 있습니다.

애플의 기업문화가 변화한 양상도 한 번 따라가 보도록 하죠. 기업문화에 변형이 올 때 어떠한 전략이 그 원인이 되었는지를 꼭 염두에 두고 보기 바랍니다. 우리에게 중요한 것은 이러한 변화 자체를 지식으로 아는 것이 아니라, 경영전략에 응용하고 활용하는 것일 테니까요.

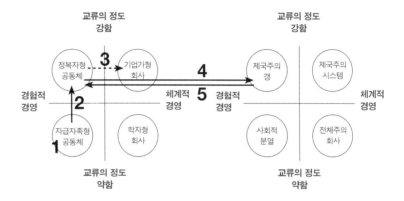

1 스티브 잡스와 스티브 워즈니악의 창업, 강한 소명에 기반한 자급자족형 공동체

2 정복자형 공동체로 진화, 일련의 문화 코드 형성

3 기업가형 문화로 전환 시도, 스티브 잡스 회사를 떠남

4 애플의 강한 공동체성 응집력의 상실, 제국주의 갱으로 변환

5 스티브 잡스의 복귀, 정복자형 공동체 문화로 복귀

내가 만일 포드였다면

애플만큼 널리 알려지지는 않았지만, 초기 포드 자동차의 역사도 애플만큼이나 흥미롭습니다.[30] 창업자 헨리 포드Henry Ford는 자동차로 사회를 바꾸겠다는 일종의 영웅주의적인 목적이 있었습니다. "값싸고 편리한 자동차를 만들어 모든 사람들이 편한 삶을 누리도록 하겠다"는 꿈이었죠. 디트로이트 에디슨Detroit Edison이라는 회사의 유능한 기계 기술자였던 그는 자동차로 세상을 바꾸겠다는 그 꿈을 현실로 이루기 위해 헛간에서 밤을 새우며 월급을 털어 작업을 하였습니다. 연구는 느리게 진행되었지만 결국 성공했고, 1896년 마침내 첫 모델을 완성하였습니다. 그리고 그 꿈을 같이한 몇 명의 후원자들과 함께 1899년 디트로이트 자동차Detroit Automobile를 설립하였습니다. 어? 어디서 많이 들은 얘기 같은데요. 그렇습니다. 자급자족형 공동체의 시작이라고 할 수가 있습니다.

자급자족형 공동체는 신념을 강하게 공유하고 있는 몇몇 사람들의 집단이라고 하였습니다. 그런데 알고 보니 포드의 후원자들은 신념보다는 수익 자체가 목적이었습니다. 즉, 제국주의 유

30

포드 자동차의 역사는 《목적purpose》(니코스 마우로코지아니스 지음, 부즈앤컴퍼니 옮김, 청림출판, 2006, 122~140쪽)에서 많은 부분을 참고하고 인용하였습니다.

형이 가져야 하는 경영전략을 취하고자 했죠. 자급자족형 공동체는 일 년 뒤 해체됩니다. 기업문화가 분열의 직접적인 원인이었던 것이죠. 훗날 포드는 당시를 회고하며 "주주들이 회사를 자신의 이상을 구현해주는 수단이 아닌 단지 돈을 만드는 기계로만 여겼다"고 불만을 털어놓기도 했다고 합니다.

그는 자신의 이름으로 다시 회사를 설립하여 자신이 만들고자 하는 '단순하고', '가볍고', '효율적'인 자동차 개발에 착수합니다. 포드는 이 자동차를 '패밀리 호스family horse, 가족말'라고 불렀다고 합니다. '가족'이라는 말이 왠지 공동체적인 의미를 내포하고 있는 상징으로 보이지 않나요? 포드는 사업을 시작할 때부터, 보통의 미국 시민과 노동자들이 자동차의 혜택을 값싸게 누리도록 하겠다는 명쾌한 신념이 있었습니다. 이것이 바로 포드 자동차의 소명이었던 것이죠. 이 소명에 헌신하는 사람들이 모여 포드 자동차는 정복자형 공동체로 진화해갑니다.

포드 자동차는 첫 해에 자동차를 1700대가량 조립해 판매했고, 1906년에는 이전의 기본 모델보다 40퍼센트나 저렴한 모델을 개발해 단돈 600달러에 팔았습니다. 1907년에는 판매량이 8000대로 치솟았고 계속 승승장구해갔습니다. 회사의 소명대로 서민에게 진짜로 필요한 부분을 충족시키는 자동차가 빠르게 시장을 장악해갔던 것이죠.

소명에서 파생되는 정책과 행동이 되풀이됨에 따라 내부에서는 특정한 문화 코드가 형성되었습니다. '획일성', '효율성', '대중성'의 추구로 꼽아볼 수 있겠습니다. 이러한 문화 코드에 의해 경영전략이 움직이게 되어 가격은 더 낮아지고 공장의 효율성은 증대됩니다. 포드 자동차는 동일한 생산 설비를 가지고 동일한 기본 모델을 계속 생산했습니다. 그러면서 효율성이라는 코드에 따라 지속적으로 생산 설비를 재편성해갔죠. 신모델인 T형 자동차는 이후 1917년까지 단돈 345달러라는 기본 가격으로 73만여 대나 판매되었다고 합니다.

정복자형 공동체는 계속 '신도'들을 모집해갑니다. 회사의 소명에 동의하는 의욕 넘치는 많은 사람들이 아무 대가 없이 그의 회사에서 일하기를 원했습니다. 1912년경에는 강력한 열두 개의 팀을 확보했습니다. 강한 응집력에서 나오는 에너지는 포드 자동차의 혁신적인 성장과 변화를 불러일으켰습니다. 헨리 포드는 직원들의 영웅이었죠.

1917년 주주들과의 소송 문제로 법정에 선 그는 이렇게 말했다더군요. "가능한 많은 노동자들을 고용하고, 이들에게 높은 임금을 주며, 대중에게는 자신의 자동차를 운전할 수 있도록 차를 보급하고 있다. 이런 일을 하다 보니 부수적으로 돈을 벌고 있고 여기에 다시 모든 것을 투자하면 돈은 자동적으로 수중에 들어온다." 그야말로 정복자형 공동체의 카리스마 있는 지도자라고 아니할 수 없습니다.

포드는 자동차로 사회를 바꾸겠다는 소명을 정말 실현하고자 했습니다. 농촌을 부흥시키려고 작은 마을의 자동차 공장 몇 군데에 투자를 했고, 같은 맥락에서 트랙터 생산에도 손을 댔죠. 포드가 만든 자동차는 실제로 농촌에 큰 변화를 불러왔습니다. 저렴한 자동차를 소유할 수 있게 된 농부의 아내들이 집에 고립된 생활로부터 벗어나 이동할 수 있는 자유를 누리게 되는 등의 변화 말이죠.

내부 직원들에 대한 정책도 공동체형 기업문화에서의 그것이었습니다. 1915년 포드는 남성 노동자의 최저임금을 5달러로 올립니다. 당시 평균의 두 배였죠. 공동체의 성원과 성원이 아닌 자와의 차별점이 임금에서부터 만들어진 것입니다. 이는 회사의 소명과 일관된 정책이기도 하였죠. 소명에 따르면, '돈 없는 일반 노동자, 농부 등의 서민'을 위해 존재하는 회사가 바로 포드 자동차였으니까요. 사회부_{sociological department}의 설치는 정복자형 공동체 문화에서 볼 수 있는 상호부조 제도였습니다. 사회부 산하 조사팀이 직원들의 집을 직접 방문하여 직원이 음주로 문제를 일으키고 있지는 않은지, 가계를 잘 꾸려가고 있는지 등을 조사하고 여러 방법으로 문제 해결을 지원했다고 합니다. 이처럼 개개인의 사적인 영역에서 도움과 지원을 제공하여 공동체의 성원으로서 응집력이 강화되어가는 순환 구조는 자급자족형 공동체와 정복자형 공동체 유형에서 발견되는 특징입니다. 또한 회사의 소명에 따라 흑인과 장애인, 전과자 고용이 인사 정책의 주요한 부분으로 자리 잡았죠. '자동차로 사회를 바꾸어가는 정복자들의 공동체!' 당시의 포드를 이렇게 부르고 싶네요.

　자신들의 소명을 실현하기 위해 포드 자동차는 더 많은 차를 생산해서 보급해야 했습니다. 더 많은 서민들에게 자동차의 편리함을 안겨주어야 했으니까요. 회사는 급격히 성장하게 됩니다. 더 많은 사람들이 회사로 들어왔고 생산 라인도 규모를 늘려야만 했죠. 규모가 커가면서 공동체의 내부에 균열이 생길 수 있는 사건들이 발생합니다. 인플레이션으로 인해 일당 5달러의 가치는 곧 희석되었습니다. 그 와중에 내부 공동체에 위계질서가 심화되는 현상도 일어났습니다. 현장 관리자에게 직원을 해고할 수 있는 독단적 권한이 주어져야 한다는 주장이 다시 재기되었습니다. 사회부의 역할도 이러한 변화에 제약을 받게 되었습니다. 결국 1920년대를 거치면서 포드 자동차의 제도는 다른 공장과 거의 유사하게 되버렸습니다. 공동체 외부와 별로 다를 바가 없게 된 것이지요.

경영 환경은 빠르게 변화하고 있었습니다. 경쟁사들은 포드 자동차의 생산 기술을 쉽게 모방하고 비용 우위를 잠식해 들어오고 있었습니다. 포드도 이에 대응해야 했죠. 이 분야의 우수한 인재들을 데려오는 것은 대부분의 기업에서 취할 수 있는 전술이지요. 포드도 그러하였습니다. 규모를 확장하면서 많은 인재들을 채용하였습니다. 이는 제국주의 시스템 유형에서 주로 나타나는 인사정책입니다. 제국주의 시스템 유형의 기업문화에서는 문화 자체가 약하게 작용을 하죠? 그리고 직원들은 일종의 용병처럼 시스템에 맞춰 일만 하면 성과로 연결되는 구조니까 많은 용병들을 한꺼번에 다루기에 적합하죠. 하지만 포드 자동차는 정복자형 공동체 유형의 기업문화였잖아요? 여러 부작용들이 생겨났을 거라고 짐작되시죠? 이미 여러분은 기업문화 유형을 알고 있고, 문화와 전략은 밀접한 관계가 있다는 것도 이해하고 있으니까요.

그렇습니다. 제너럴 모터스나 다른 경쟁 업체에서 영입한 관리자들은 상황을 더욱 어렵게 만들었죠. 그들은 '포드의 소명'에 헌신하기 위해 들어온 사람들이 아니었습니다. 그들이 관리해야 할 노동자들은 기존의 강한 공동체 조직 문화로 인해 그들의 말을 듣지 않았겠죠. 무엇보다 일하는 방식과 생각하는 패턴이 달랐을 것이고요. 정복자형 공동체에는 강한 카리스마를 지닌 지도자가 있고 직원들이 그를 따른다고 했었죠? 외부에서 온 유능한 인재들, 특히 상당히 평등한 조직문화를 갖고 있던 제너럴 모터스에서 영입되어 온 사람들이 '교주에게 복종하는 수직적 기업문화'와 부딪치는 건 너무 당연한 그림이 아니었을까요? 많은 사람들이 사임하거나 해고되었습니다. 살아남은 사람들은 상부의 지시대로만 일하는 이들이었습니다. 이 사람들은 '회사의 소명에 깊이 헌신하는 사람'이 될 시간, 즉 새 기업문화에 '리프로그래밍re-programming'될 시간이 부족했기에 공동체의 행동 패턴을 변질된 형태로 받아들이게 된 것이죠. 신념의 구현체인 교주로서 윗사람을 따르는 것이 아니라 그냥 살아남기 위해 무조건 복종하는 형태가 된 것입니다. 앞에서 말했듯이 사회부가 유명무실해지는 등 이때에는 이미 공동체 성원으로의 재생산을 위한 제도적 장치들도 약화된 상태로 보이고요. 이 사람들에 의해 그 '변질'은 더욱 가속화됩니다. 포드 자동차는 점점 관료적이고 폐쇄적인 조직으로 바뀌어갔습니다. 관료적이 될수록 조직의 체계는 더욱 복잡해지고 서로간 교류가 줄어들게 마련입니다. 바로 학자형 회사의 기업문화로 바뀌어가고 있었던 겁니다.

수요자들의 요구마저 변하고 있었습니다. 소비자들은 이제 값 싸고 편리한 자동차로는 더 이상 만족하지 않았고 수준 높은 디 자인을 원하였습니다. 자동차는 이제 이동 수단을 넘어 신분의 상징이 되었습니다. 포드의 T형 자동차는 '낮은 신분'을 상징하 게 된 것이죠. 그러나 포드는 이에 대응하지 못하였습니다. 정복 자형 공동체였으니까요. 그들의 강한 신념에 따르면, 그들에게 자동차란 '원하는 곳에 데려다 주는 값싸고 편리한 기계'여야 했 기 때문입니다. 그런 그들이 '쓸데없는 디자인'에 돈과 노력을 어찌 쓸 수 있을까요? 전략적으로 대응하는 데 한계가 있을 수 밖에 없었습니다.

포드 자체의 소명도 이제 희석되어갑니다. 시장에서 잘 통하 지 않았으니까요. 그리고 그걸 공동체의 구성원들도 계속 체감 하고 있었을 테고요. 공동체에서 소명은 일종의 교리와도 같은 것인데, 이에 대한 불신이 커진 거죠. 서로간의 교류는 소명에 대한 상호 동의를 전제로 하는 것이니 교류도 어려워져갑니다. 내부에선 관료화가 진행되었고, 서로간의 교류가 점점 단절되고 있었죠. 그러나 기존의 '뭉쳐 있는 힘'은 계속 유지되어 자신들의 생존만을 위해 서로 끈끈한 유대로 존재하는 상태, 즉 학자형 회사의 모습이 되어버렸습니다.

자, 포드는 어떤 기업문화 유형 전략을 택해야 했을까요? 포드는 이 시점에서 기업가형 문화로 적절한 전환을 모색했어야 했습니다. 우선, 규모를 늘리고 체계를 갖추어가면서도 기존 기업문화와 충돌하지 않는 한에서 확장을 시도해야 했습니다. 제국주의 시스템의 정책을 쓰지 말아야 했던 것이죠.

그리고 한편으로 내부의 기업문화를 변환하는 작업을 벌였어야 했습니다. '제가 당시 포드에 있었더라면 이렇게 했을 텐데' 하는 내용을 아주 짧게 얘기해볼까요?

자신들의 소명에 따라 단순하고 값싼 라인의 자동차만 팔고자 하는 것, 즉 정복자형 공동체들이 취할 수밖에 없는 전략으로는 더 이상 구매자들의 바뀐 니즈를 충족시킬 수 없었죠. 그러므로 더욱 다양한 디자인의 차를 시장에 내놓는 전략으로 바꾸어야 했습니다. 너무 당연하다고요? 네, 여기까지는요. 하지만 앞에서 봤듯이 기업문화 때문에 그게 안 되지 않았습니까? 회사의 소명에 깊이 헌신하고 있는 내부 구성원들의 문화를 전략적으로 이용하면서 기업가형 문화로 바꾸어야 했던 것이죠.

그들의 소명이 전략 추진의 걸림돌이었죠? 소명을 바꾸어야 했습니다. 그러나 강한 응집력이 있는 문화이기에 소명 자체가 달라지게 되면 공동체는 급격히 해체될 위험이 있습니다. 교회가 기도원이 될 수는 있어도 사찰로 바뀔 수야 없는 것 아닙니까? 소명의 핵심을 해치지 않으면서도 이를 경영전략에 부합하도록 하는 작업이 있어야 했습니다. 예컨대 '자동차로 세상을 변화시킨다'는 핵심은 해치지 않으면서 '싸고 편리함을 넘어 더욱 진보된 아름다운 자동차를 통해!'라는 부분에만 변형을 주는 것이죠. 그리고 기존의 문화 코드에 따르는 행동 패턴을 살펴봐야 했습니다. 즉, 획일성, 효율성, 대중성의 추구가 어떤 양상으로 나타나고 있는지 통찰하고, 이를 적절히 변형시켜가야 했습니다. 그리고 그 전에 사람들의 그 모든 것을 움직이는 이야기인 '헨리 포드의 신화'를 변형하는 작업도 있어야 하고요. 그리고 그러한 기업문화 변형 전략의 가장 첫 번째 대상으로서 경영자 헨리 포드부터 '리프로그래밍'을 시작했어야 합니다. 그리고 회사 전체로 단계를 밟아나가야 했죠. 여러 문화 재생산 장치들도 같이 만들어야 했고요. 이렇게 기업문화를 바꾸어나가는 과정을 전개하면서, 동시에 생산 라인 확장, 체계 및 시스템의 구축 등 경영전략적인 작업들을 같이 전개하는 것이죠.

사실 이 과정이 쉬운 일이 아닙니다. 굉장히 전략적이어야 하고요. 다음 기회에 기업문화의 변화 방법론과 사례들을 더 자세히 다루기로 하고, 여기서는 기업문화의 유형과 그에 적합한 전략과의 관계에 대한 통찰을 얻는 것으로 만족해야겠습니다. 포드 자동차의 창업에서 1920년대까지의 그 흥미로운 역사 속에서 우리는 기업문화 유형과 전략과의 관계에 대한 여러 시사점을 볼 수 있었습니다. 이를 다시 그림으로 정리해볼까요?

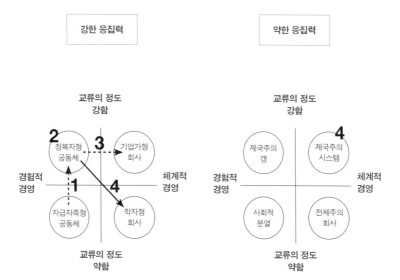

포드 자동차의 진화 과정

1 자급자족형 공동체로 출발했으나 제국주의적 경영을 시도하면서 충돌이 발생하여 실패
2 정복자형 공동체 회사 설립, 성장, 공동체의 확장
3 환경의 변화에 따른 전략의 수정 필요, 기업가형 회사로의 전환이 필요했으나 이에 실패
4 제국주의 시스템 유형의 전략 추구, 교류의 저하, 학자형 회사로 진화

매트릭스 속의 작은 매트릭스

한 기업이 꼭 한 가지 유형의 기업문화만 가진다고 할 수는 없습니다. 기업의 경영전략, 그리고 기업문화 전략에 따라 전체 기업 문화와 하위 조직의 기업문화sub-Culture를 다르게 가져갈 수도 있습니다. 글로벌 코스메틱cosmetics 기업인 로레알L'oreal의 경우를 보자면, 로레알 그룹 전체는 기업가형 회사의 문화라고 할 수 있으나 개별 브랜드는 정복자형 공동체의 방식으로 운영하고 있는 것으로 보입니니다. 이는 개별 브랜드가 독립적인 회사처럼 기능을 하는 브랜드 컴퍼니Brand Company 전략31에 따라 운영하고 있고, 그러기 위해선 각 브랜드가 개별적인 신념과 가치를 가지는 것이 더욱 전략적이기 때문입니다. 더바디샵The Body Shop32이 추구하는 신념과 랑콤Lancome이 추구하는 신념은 다르게 마련이지 않겠어요? 그리고 각각의 브랜드에 헌신하는 사람들이 모여 있어야 하는 것이고요. 하지만 개별 브랜드 조직을 아울러서 전체 로레알 그룹으로 통합하는 문화적 장치가 동시에 있어야겠죠.

31
한 기업이 여러 브랜드를 갖고 있을 때 각 브랜드를 독립적인 개별 회사처럼 운영하는 경영전략을 말합니다.

32
아니타 로딕이 창업한 더바디샵은 자급자족형 공동체에서 시작하여 정복자형 공동체로 발전한 경우라고 할 수 있습니다. '생태주의, 반세계화' 등 추구하는 철학 자체가 다른 화장품 회사와는 확연히 구별되었고 이에 헌신하는 사람들과 동의하는 고객들이 그 공동체를 이루었습니다. 하지만 기업문화만으로 돈이 벌리지는 않는 법. 이후 경영상의 문제로 로레알에 인수되었죠. 하지만 로레알은 더바디샵을 인수한 후에도 이전 더바디샵의 철학과 공동체의 특성을 그대로 가져가는 경영전략을 취하고 있는 것으로 보입니다. 다만 더바디샵의 응집력이 약화될 경우, 특히 이전에 가졌던 더바디샵의 숭고한 철학이 마케팅 수단으로 전락하고 내부의 구성원들이 이에 기반을 둔 응집력을 상실하게 될 때, 제국주의 갱 유형으로 급속하게 바뀔 것이라고 예상됩니다.

응집력이 강한 조직이라면, 즉 문화가 강하게 작용하는 유형의 조직이라면 그룹 전체의 소명과 비전으로 독자적인 문화를 가진 개별 브랜드를 그룹으로 묶어야 합니다.

　BMW도 하위문화에서 정복자형 공동체 전략을 가져가는 경우입니다. 자동차를 중심으로 하는 BMW 전체 회사에서는 기업가형 문화를 가져가는 전략을 쓰고 있습니다. "최고의 드라이빙을 가능하게 하는 '머신machine'을 제공한다"라는 기업의 소명에 부합하는 자동차를 만든다는 철학을 갖고 있죠. 그에 따라 도요타나 혼다와는 '다른' BMW만의 자동차를 만들고, 그에 따라 광고하고, 진정 '드라이빙 자체를 좋아하는' 고객들을 찾아 나서고 있습니다. 도요타나 혼다는 제조 과정, 품질 면에선 BMW보다 나을지도 모르지만 디자인과 엔지니어링은 이러한 소명을 가진 BMW에 미치지 못한다고 평가 받고 있습니다. BMW는 그러한 소명에 따른 진화 과정 속에서 진정성authenticity, 일관성consistency 이라는 공동의 내재가치를 갖게 되었습니다. BMW 사람들은 GE 등과는 분명히 구별되는 응집력이 있어 보입니다. 그러면서도 자신의 철학에 부합하는 생산, 마케팅, 영업, 광고, HR 체계를 갖추고 있다고 판단됩니다. 고객과 시장의 반응에 개방적이며 이를 자신의 철학과 조화를 이루려고 노력합니다. 또한 윤리적 합리성에 기반을 둔 경영을 하고 있습니다. 물론 도요타에 결코 뒤지지 않는 체계도 갖추고 있죠. 기업가형 문화에 해당한다고 할 수 있습니다. 그리고 그것을 자신의 경영전략과 잘 조화시킨 훌륭한 예입니다.[33]

기업가형 문화를 설명하자니 얘기가 길어졌네요. 요컨대 자동차를 중심으로 한 BMW 회사 전체는 기업가형 문화 전략을 택하고 있는데, 'BMW 모토사이클'의 운영에서는 정복자형 공동체 문화를 가져가는 전략을 쓰고 있다는 것입니다. 그리고 제가 볼 때 이는 굉장히 성공적입니다. 혹시 'BMW 모터사이클 공동체'라고 들어본 적 있나요? 그들은 할리데이비슨Harley Davidson과 분명히 구분되는, 즉 '우리는 남과 다르다'라는 아주 강한 정체성을 지니고 있습니다. 그들은 "동료의 안전을 돌보는 것은 모터사이클 라이더의 의무"라는 그들만의 사명감에 기반을 둔 응집력이 있습니다. 그러면서도 체계가 그리 복잡하지는 않죠. 규약 같은 게 명시적으로 규정된 것은 없으나 서로간의 암묵적인 합의에 의해 공통된 행동 방식을 만들어가고 있죠. BMW 모터사이클을 타는 사람들이 자발적으로 만든 《BMW 소유자들을 위한 작가 미상의 책》에는 어떻게 하면 BMW 모터사이클을 타는 사람들을 도울 수 있는지에 대한 상세한 방법이 기록되어 있습니다.

33
《BMW 성공신화의 비밀》(데이비드 카일리 지음, 황우진 옮김, 이지북, 2005)에 BMW의 역사와 경영에 관한 내용이 잘 소개되어 있습니다.

이 책은 '자발적으로' 매년 업데이트되고 있습니다. 예를 들어, 도로에서 한 BMW 모터사이클 운전자의 헬멧이 길가에 떨어졌을 때 그것을 본 다른 BMW 운전자들은 누구나 그 자리에서 멈추어서 지원해줍니다. 강한 공동체성을 보이나 체계적이지 않은 행동양식인 것이죠. 그러나 내부의 BMW 모터사이클 공동체 구성원의 목소리에는 언제나 열려 있습니다.[34] 물론 추구하는 철학을 근본적으로 해치지 않는 범위 내에서요. 자, 세 축의 특성을 하나하나 짚어보았나요? 바로 아시겠죠? 정복자형 공동체 유형입니다. 이처럼 BMW 역시 전체 기업문화와 하위문화의 전략은 다르게 가져가는 전략을 취하고 있습니다.

제가 몸담고 있는 아모레퍼시픽의 경우도 그러하였습니다. 전체 기업 차원의 문화 전략은 기업가형 회사의 유형으로 가져가되 계열사 및 하부 조직은 각각의 특성에 맞는 유형의 조직문화로 운영하는 전략을 취하고 있습니다. 물론 경영진에서는 기업의 모든 사람들이 똑같은 문화를 가져가고 똑같은 내재가치를 내면화하는 걸 내심 바랄 수 있겠지요. 하지만 그것이 이념 차원에서는 이상적으로 그려질지 몰라도 실제 기업문화는 경영전략에 이바지해야 하는 것이지 어떤 이상적인 사회를 만들려는 것이 아님을 우리는 보았습니다. 아모레퍼시픽의 경영진은 이를

34
《왜 그들은 할리와 애플에 열광하는가》(더글라스 애트킨 지음, 김종식 옮김, 세종서적, 2005)에서는, 애플, 할리 데이비슨, 새턴 등 강한 공동체성을 보이는 기업의 경영 방식을 몰몬교, 통일교 등의 종교 운영 방식과 비교하며, '어떻게 하면 컬트 브랜드를 창조할 수 있는가'에 대해 흥미로운 논지를 전개하고 있습니다. 기업문화 유형에서 정복자형 공동체를 만드는 방식에 대해 많은 시사점을 줍니다.

인식하고 기업문화를 전략적으로 활용하고 있습니다.

더욱 구체적인 사례로 아모레퍼시픽의 화장품 프랜차이즈인 '아리따움ARITAUM'을 예로 들어보겠습니다. 아모레퍼시픽에서는 '아리따움'이라는 화장품 프랜차이즈 브랜드의 론칭을 준비하고 있었습니다. 그리고 담당 사업부문의 의뢰를 받고 제가 그 브랜드의 조직문화 컨설팅을 맡게 되었죠. 아리따움 이전에는 프랜차이즈 형태가 아닌 일반 소매점에 화장품을 공급하는 형태로 운영하고 있었습니다. 새로운 프랜차이즈 숍은 아이오페, 라네즈, 마몽드 같은 아모레퍼시픽만의 화장품 브랜드들만 취급한다는 점을 고려할 때 정복자형 공동체, 혹은 제국주의 갱이 적합한 문화 유형이라는 가설을 세웠죠. 정복자형 공동체는 응집력이 강한 문화, 제국주의 갱은 응집력이 약한 문화죠? 그런데 아모레퍼시픽은 전체적으로 강한 응집력을 가지고 목표 중심 경영을 추구하는 기업가형 회사였고, 이에 헌신하도록 하기 위해서는 응집력이 강한 유형인 정복자형 공동체가 가장 전략적인 선택이었습니다. 아울러 당시 아모레퍼시픽이 주로 거래하는 일반 소매점에 종사하는 사람들의 조직문화를 진단한 결과, 비록 사회적 응집력은 아니었지만 '강하게 모일 수 있는 어떤 특성'을 갖고 있었기에 그것을 전략적으로 활용하기 위해 응집력이 강한 유형을 택하였죠. 가장 중요한 점으로, 아리따움의 경영전략이 충성도가 높은 유통 브랜드를 만들고자 하는 것이었고, 특히 '친밀'이라는 문화 코드에 기반을 두고 있었기에 그에 맞춰 정복자형 공동체라는 유형을 목표로 했던 것입니다. 그리고 그 유형을 만들기 위한 전략적인 작업들을 했죠. 여러분들의 이해를 도우려다 보니 얘기가 길어졌습니다만 여기에서 요점은, 아모레퍼시픽 전체는 기업가형 문화로 가져갔으나 하위문화는 전략적으로 다른 문화를 가져갈 수도 있다는 것!

아리따움 프랜차이즈 다음으로 진행했던 작업은 '아모레 카운셀러' 조직문화에 관한 일이었습니다. 이 경우도 정복자형 공동체의 유형을 전략적으로 택하였습니다. 백화점에서 일하는 뷰티 컨설턴트beauty consultant인 '엔젤angel' 조직도 마찬가지로 강한 '전사warrior들의 공동체'를 만들었죠. 이와 달리 경영전략상 친밀성과 응집력보다는 '강하고 우수한 전문가들의 체계적 양성'을 통해 급속한 성장과 확장을 도모해야 하는 직접 판매원 조직은 기업가형 문화를 전략적으로 택했습니다. 젊은 층을 대상으로 하는 브랜드 에뛰드는 독립 법인의 형태로 운영하고 있는데, 에뛰드의 운영도 정복자형 공동체 전략에 기반을 두고 있습니다.

다시 열쇠를 손에 쥐고

＿＿

자, 이쯤 되니 궁금증이 뭉글뭉글 피어오르죠? 어떻게 각 유형에 적합한 조직문화를 만들었는지가 지금 가장 궁금할 겁니다. 그러나 우린 아직 걸음마를 떼었을 뿐입니다.

하지만 그 걸음마의 폭은 아주 컸습니다. 가장 큰 걸음은 기업문화 자체를 하나의 실재로서 보는 눈이 생긴 것입니다. 기업문화Culture의 영역과 경영활동Exchange의 영역을 구분하여 보게 되었죠. 무의식의 구조를 빌려 그렸던 기업의 구조에 관한 도식을 이제 전략적 활용이라는 측면에서 다시 그려보겠습니다.

우리는 왼쪽의 Culture 영역과 오른쪽의 Exchange 영역이 아귀가 들어맞도록 하는 것이 중요함을 알았습니다. 즉, '경영전략에 맞는 기업문화', '기업문화를 고려한 경영전략'이 필요함을 알게 되었습니다. 그리고 Culture와 Exchange의 전략적 정합성에 따라 가운데 있는 목표 기업 문화 유형target typology이 설정됩니다. 그것이 바로 기업문화의 비밀을 밝히는 첫 번째 열쇠였습니다.

기업문화의 비밀의 문을 여는 열쇠 하나에는 나머지 열쇠가 모두 들어 있다고 했던 말, 기억하시나요? 첫 번째 열쇠 — 기업

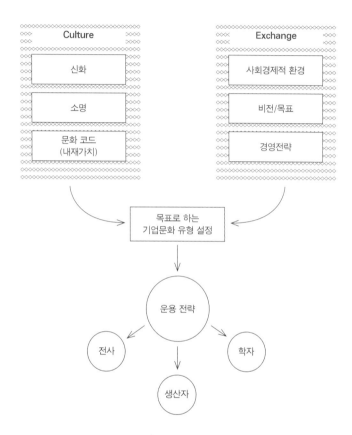

문화의 유형론 — 를 돌리며 여러분들은 한 사회나 기업의 문화를 상대주의적 관점에서 전략적으로 볼 수 있는 눈을 가졌고, 그 진화의 패턴까지 예상할 수 있게 되었습니다. 더불어 두 번째 열쇠마저 손에 쥐었다는 사실, 아시나요? 바로 사회적 응집력을 살펴보며 문화를 형성하는 요소들인 신화와 소명, 정체성과 문화 코드의 개념을 이해했습니다. 세 번째 열쇠도 손에 넣었습니다. 기업문화의 진화 과정을 살펴보며 생산, 지원, 영업 등의 기능이 어떻게 조화를 이루느냐에 따라 기업문화의 유형이 변화함을 보았으니까요.

이제 당신의 손에 든 두 번째, 세 번째 열쇠를 돌리는 일이 남았습니다. 그림에서 왼쪽 Culture의 요소들을 하나하나 살펴보아야 합니다. 기업의 신화와 소명, 문화 코드와 정체성이 어떤 힘이 있으며, 이를 어떻게 전략적으로 활용할 것인지를 보아야 합니다. 그림의 오른쪽 Exchange의 요소들 — 경영 환경, 비전, 경영전략과 어떤 관계를 가져야 하는가에 대해서도 반드시 같이 살펴야 합니다. 그리고 그것이 아래에 위치한 생산자, 전사, 학자 등 각 기능들에 의해 어떻게 조화롭게 구현이 되어야 하는지도 알아야 합니다.

그러나 첫 번째 열쇠는 꼭 다시 한 번 챙기십시오. 이 책에서 다룬, 기업의 모든 활동에서 기업문화가 미치는 힘, 기업문화와 경영활동과의 관계, 그에 따른 기업문화의 상대성, 각 유형과 전략과의 관계에 대한 이해는 '문화'를 바라보는 데 가장 근본적인 시선이기 때문입니다. 기억하십시오. 첫 번째 문이 완전히 열리지 않으면, 다른 문은 열 수가 없습니다.

매 트 릭 스 의
오 라 클 이   된
우 리 들

영화 〈매트릭스〉의 여러 캐릭터 중 가장 신비한 존재가 아마도 오라클
Oracle 할머니일 겁니다. 그녀는 모든 것을 알고 있는 듯하면서도, 또한
아무것도 알고 있지 않은 듯하기도 합니다. 그러나 그녀의 예언대로 미
래는 흘러갔습니다. 그녀는 매트릭스를 만든 자 - 정확히 말하자면 프
로그램 - 였습니다. 네오가 소스에서 만난 할아버지인 아키텍트와 함께
매트릭스를 만든 장본인이죠.

아키텍트는 인간들을 건전지로만 간주하고 개개인의 특수성을 무시한
채 매트릭스에 따라서만 움직이도록 만드는 프로그램입니다. 이에 비
해 오라클은 인간의 특수성을 이해하고 받아들이며 자연스럽게 흘러가
도록 만드는 프로그램입니다. 단, 일정한 패턴에 따라 흘러가게 만들죠.
예언이라는 이름을 빌려 모피어스, 네오, 트리니티 등을 일정한 패턴에
따라 움직이게끔 만든 것입니다. 그렇다고 꼭 기계 편도 네오의 편도 아
니죠. 단지 독립적인 프로그램일 뿐입니다. 누가 옳았을까요? 〈매트릭

오라클과 만난 네오

스 3 - 레볼루션〉의 마지막 장면에서 결국 오라클이 아키텍트와의 내기에서 이깁니다.

우리는 이제 오라클이 될 준비를 마쳤습니다. 어느 하나의 기업문화나 시스템을, 아키텍트가 그랬던 것처럼 일괄적으로 적용할 때 전략상 문제점이 생길 수밖에 없음을 알았습니다. 바로 기업문화의 유형을 알았기에 가능한 일입니다. 오라클이 기계 편도 네오 편도 아니었던 것처럼, 우리도 상대주의 시각으로 기업문화를 바라봅니다. 오직 그 기업문화가 경영전략에 적합한지 아닌지를 판단하는 것입니다. 그리고 우리는 예언 가능한 존재가 되었습니다. 한 유형 안에서는 일정한 패턴에 따라 움직인다는 것을 보았기 때문이죠. 예컨대 제국주의 갱 유형에서 조직이 커지면 작은 갱들이 출현할 거라는 예측은 패턴이기 때문에 가능한 것입니다. 또한 기업문화 유형에서 인접한 유형으로 이동하거나 응집력이 다른 사분면의 유사한 유형으로 이동할 가능성이 가장 크기에 그것도 예측 가능합니다. 예를 들어, 정복자형 공동체는 인접해 있는 기업가형 회사나 응집력이 약한 사분면에서 유사한 위치에 있는 제국주의 갱으로의 진화가 쉽게 일어나는 패턴인 것이죠.

문화는 잘 변하지 않기 때문에 한 패턴 안에 있으면 그대로 움직일 가능성이 큽니다. 증후군을 읽으면 미래를 예상할 수 있는 것입니다. 주식 시장이나 게임 이론 같은 데서도 패턴을 통해 미래를 예측하기도 하지만, 그 적중률(?)이 문화에서는 훨씬 더 크다고 생각합니다. 문화는 매트릭스가 그러한 것처럼 사람들의 행동을 지배하는 힘이 정말 크니까요.

자, 우리는 오라클이 되었습니다. 그러나 우리가 정작 되어야 할 사람은 네오입니다. 네오가 매트릭스 '안'에서 매트릭스의 모든 암호를 볼 수 있는 마법의 눈을 뜨게 되었듯이, 우리도 우리를 둘러싼 기업문화의 코드를 읽을 수 있는 눈을 갖출 차례입니다. 그리고 보았으면 바꾸어야 합니다. 그것이 여러분의 소명입니다. 모피어스는 네오에게 말하죠. "Stop trying to hit me. And hit me!" 중요한 것은 실행입니다. 이제 새로운 오디세이를 떠날 때입니다.

더 읽 어 볼 자 료

구조인류학

클로드 레비스트로스 지음, 김진욱 옮김 ┃ 종로서적 ┃ 1987

구조주의 이론은 워낙 방대하고 깊이 있고 폭도 넓은 이론이라 책을 추천하기가 참 어렵습니다. 평생을 이에 바치는 위대한 학자들만 해도 수도 없이 많으니까요. 그러나 구조주의 인류학의 창시자라고 할 수 있는 레비스트로스는 꼭 한 번은 읽기를 시도해볼 만한 가치가 있습니다. 프랑스어를 영어로 번역하는 작업에도 무척 난항을 겪을 정도로 심히 난해한 책이긴 합니다만 기업문화 오디세이의 첫발을 내디딘 당신에겐 이미 이 책을 읽을 수 있는 눈이 생겼다고 믿습니다.

구조주의와 포스트구조주의

아사다 아키라 지음, 이정우 옮김 ┃ 새길 ┃ 1995

구조주의와 포스트구조주의에 대한 전체적인 개괄입니다. '천재의 작품'입니다. 상당히 어렵지만 너무나 흥미롭습니다. 책 내용도 내용이지만 책의 구조 자체가 이미 구조주의와 포스트구조주

의의 메시지를 전달하고 있습니다. 1장에 주목한다면, 구조주의
의 기본적인 전제를 교환관계론을 중심으로 이해하는 데 도움을
얻을 수 있습니다. 또한 무질서를 참을 수 없는 존재로서 인간이
상징적 질서를 어떻게 구축했는가에 대한 신화적 이해도 구할
수 있습니다.

기업의 신화가 늘 숨쉬게 하라

신상원 지음 | 《동아비즈니스 리뷰》 2008년 7월호

저의 졸필이 낳은 칼럼입니다. 응집력이 강한 기업문화 유형에
서 신화가 미치는 힘에 대한 짧은 견해를 밝히고 있습니다. 그것
이 경영전략과 어떻게 정합성을 이루어야 하며, 그렇지 않을 경
우 어떻게 치료할 수 있는지를 프랑스의 한 기업과 아모레퍼시
픽의 사례를 비교하며 살펴보았습니다. 《기업문화 오디세이》의
큰 틀거리를 그려보는 데 도움이 될 것입니다.

목적: 우리는 무엇을 추구해야 하는가

니코스 마우로코지나이스 지음, 부즈앤컴퍼니 옮김 | 청림출판 | 2008

이 책을 읽으면서, 응집력이 강한 기업문화 유형 중 특히 '소명'
이 기업문화에 어떤 작용을 하는지에 주목하면 좋겠습니다. 응

집력을 강하게 가져가는 유형을 전략적으로 택하고자 한다면 꼭 권하고 싶은 책입니다. 다만 지은이가 '위대한 목적'이라고 언급하고 있는 여러 특성들 중에는 제국주의 유형의 그것도 숨어 있습니다. 한번 찾아보세요. 제국주의 유형에서도 미션 스테이트먼트 등의 '형식적 소명'을 둘 수 있고 그것은 응집력과 큰 상관이 없다는 점을 유의하고 본다면 더 좋겠습니다.

문학에서 배우는 리더의 통찰력

제임스 G. 마치 지음, 박완규 옮김 ㅣ 이다미디어 ㅣ 2008

조직론의 최고 권위자이자 경영계의 시인이라 불리는 지은이는 문학 작품을 통해 리더십이라는 주제를 논하고 있습니다. 오셀로, 잔다르크, 돈키호테 등은 서로 다른 리더십을 보여줍니다. 우리 입장에서는 '각 기업문화 유형에는 어떤 리더십이 적합할까'라는 관점으로 읽는다면 그 시야가 훨씬 방대해질 것입니다. '신성한 임무에 대한 개인의 신념'을 가진 잔다르크는 어떤 유형에 적합한 리더일까요? 상징적 계급에 스스로를 동일시한 돈키호테는요?

문화와 제국주의

에드워드 사이드 지음, 김성곤·정정호 옮김 ┃ 창 ┃ 1997

《오리엔탈리즘》으로 유명한 사상가 에드워드 사이드의 제국주
의론입니다. 제국주의가 가진 기본적인 속성과 함께 '제국주의
와 필연적으로 붙어 다니는 이데올로기, 곧 문화'에 대해 잡다하
게 논하고 있습니다. 위대한 저서입니다만 지은이는 제국주의에
대해서 상당히 비판적인 관점을 유지한다는 점에서 우리가 처해
있는 상대주의 입장과는 조금 다릅니다. 기업문화 유형에서 우
리는 제국주의를 하나의 유력하고 선택 가능한 유형으로 간주하
고 있으니까요. 이러한 시각에서 제국주의 유형을 운영하는 방
법에 어떤 통찰을 얻을 수 있습니다.

야생의 사고

클로드 레비스트로스 지음, 안정남 옮김 ┃ 한길사 ┃ 1996

구조주의 인류학에 기반하고 있는 기업문화 방법론 전체는 이
책의 영향 안에 있다고 해도 과언이 아닙니다. 특히 문화를 볼
때의 상대주의적 시각 – 동시에 구조주의적 시각 – 에 대한 그의
논지는 인문사회과학의 사고 틀 자체를 바꾸어버린 위대한 업적
입니다. 무엇보다 '미개인'이라 일컬어지는 사람들의 '나름의 놀

라운 합리적 질서'에 대한 발견, 또한 '무의식을 참을 수 없는 존재로서' 인간이 가지는 신화적 사고에 대한 논지, 그리고 그 안에 감춰진 서구 문화에 대한 반성과 '미개인'에 대한 애정은 그 차갑고 난해한 문체 속에서도 벅찬 감동을 자아냅니다. 반드시 읽어보아야 할 책으로 권합니다.

왜 그들은 할리와 애플에 열광하는가?

더글러스 애트킨 지음, 김종식 옮김 | 세종서적 | 2005

정복자형 공동체 유형에 대한 통찰을 얻을 수 있습니다. 애플, 할리 데이비슨, 메리케이 등의 회사가 가진 '종교성'에 주목합니다. 외부와의 강한 차별성, 상호 부조, 강한 메시지 등은 정복자형 공동체에서 볼 수 있는 특성들입니다. 다만 제국주의갱의 특성도 이 책에 어느 정도 혼재되어 있다는 점을 염두에 두면 좋겠습니다. 이 둘의 주요한 차이점은 응집력에 있을 텐데요, 이에 관해서는 《기업문화 오디세이 1》의 정복자형 공동체 설명에서 '응집력에 관한 오해 풀기'에 대한 내용을 참고하면 도움이 될 것입니다.

정신분석입문

지그문트 프로이트 지음, 김성태 옮김 | 삼성출판사 | 1990

꿈의 해석

지그문트 프로이트 지음, 김인순 옮김 | 열린책들 | 2004

겉으로 드러난 신경증에 대한 해석을 통해 무의식의 존재를 발견하고, 그 무의식은 어떻게 구조되는가에 대한 매커니즘을 밝힙니다. 우리에게는 '무의식의 구조에 대한 개론서'로서 꼭 읽어보아야 할 책입니다. 방법론적으로 기업의 무의식으로서 기업문화를 정의하였고 그 구조를 따라왔기 때문입니다. 하지만 더 중요한 것은 2권과 특히 3권에서 다루게 될 기업문화의 구조와 변화에 관한 이론은 프로이트의 무의식을 구조주의적으로 다시 부활시킨 라캉에 많은 빚을 지고 있기 때문입니다. 뭐 그런 거 다 떠나서, 현대인의 교양서로서도 이 책은 손색이 없지 않을까요?

제국주의론

블라디미르 일리치 울리야노프 레닌 지음, 남상일 옮김 | 백산서당 | 1986

고전입니다. 예전엔 금서이기도 했고요. 기본적으로 유물론 역사관에 기반한 이 책의 논지는 일종의 환원론이라 할 수 있습니다. 그러므로 상부구조의 독립성과 중요성을 주장하는 구조주의 인류학과 종교학에 기반한 우리의 기업문화 이론과는 큰 차이가 있습니다. 자본주의의 최종 국면이 제국주의라는 결론에도 동의하지 않습니다만 그것을 증명해가는 과정은 기업문화 유형에서 우리가 분류하고 있는 '제국주의 시스템'에 대한 어떤 통찰을 줄 수 있습니다. 프롤레타리아 착취와 혁명에 관한 논지는 제외하고서 보더라도 말이죠. 정복자형과 기업가형을 알기 위해 막스 베버를 꼭 읽어야 하는 것처럼 제국주의에 대해 알기 위해서 봐야 하는 책입니다.

프로테스탄트 윤리와 자본주의 정신

막스 베버 지음, 김상희 옮김 ｜ 풀빛 ｜ 2006

서구 유럽에서 자본주의가 태동하게 된 이유를 탐구함으로써 경제 체제로서 자본주의는 자본주의 문화와 뗄 수 없는 관계라는 통찰을 얻을 수 있습니다. 우리가 기업문화와 경영활동을 동시에 사고해야 하는 것도 이러한 이유에서입니다. 자본주의 정신에 대한 논의를 통해 우리는 기업문화 유형 중에서 '기업가형'의 본질에 대한 이해를 심화할 수 있습니다. 단지 기업문화에 대한 직접적인 관심이 없다고 하더라도 자본주의 사회를 살아가는 사람이라면 꼭 한번 읽어봐야 할 고전입니다.

BMW 성공 신화의 비밀

데이비드 카일리 지음, 황우진 옮김 | 이지북 | 2005

기업가형 회사로서 BMW의 특성들을 살펴볼 수 있습니다. BMW의 기원에는 어떤 이야기가 숨어 있는지, 도요타나 GM과 BMW의 체계성은 어떻게 다른지, BMW만이 추구하는 가치는 무엇인지를 눈 여겨 보신다면 기업가형 회사의 기업문화에 대한 통찰을 얻을 것입니다. 각 장의 제목에 붙어 있는 '최고의'라는 말은 사실 기업가형을 설명할 수 있는 단어는 아닙니다. '어떻게' 최고가 되고자 하는가에 BMW의 기업가형 문화의 열쇠가 숨어 있습니다.

GE 혁신과 성장의 비밀

윌리엄 로스차일드 지음, 최권영 옮김 | 가산북스 | 2008

제국주의 시스템에 적합한 이론은 MBA에 가면 확실히 배울 수가 있는 것이고 수많은 경영 이론 서적이 이를 다루고 있어 딱히 어떤 책을 꼽기가 어려웠습니다만, 결국 이 책을 권하는 것이 좋겠다는 결론을 내렸습니다. GE의 발전 과정 속에서 제국주의형 기업문화 전략을 일관되게 유지함으로써 이것이 GE가 추구하는 경영전략과 맞물려 성공을 이끌어내는 모습을 볼 수 있을 것입니다. 인도-유러피안 자본주의와 달리 자유주의 성향이 강한 앵글로 섹슨 자본주의가 충실히 구현된 사례라고 할 수 있겠습니다.

Pour une anthropologie de l'entreprise

Marc Lebailly, Alan Simon ׀ Village Mondial ׀ 2007

Et si la psychanalyse était, à nouveau, une mythologie …

Marc Lebailly ׀ L'Harmattan ׀ 2009

'기업의 인류학'이라는 방법론의 창시자 마크 르바이의 저서입니다. 마크 르바이는 기업문화 컨설팅을 전문으로 하는 ACG의 공동 창업자이자 구조주의 인류학자, 정신분석학자입니다. 자크 라캉의 Ecole Freudienne de Paris 멤버였고 파리 제12대학의 부교수였습니다.

찾 아 보 기

기업문화 오디세이 1

기업의 인류학에 관한 친절한 강의

초판 1쇄 발행일	2009년 6월 20일
초판 3쇄 발행일	2020년 7월 20일

지은이	신상원
펴낸이	김효형
펴낸곳	(주)눌와
등록번호	1999. 7. 26. 제10-1795호
	서울시 마포구 월드컵북로16길 51, 2층
전화	02. 3143. 4633
팩스	02. 3143. 4631
E-mail	nulwa@naver.com
편집	김선미 김지수 임준호
디자인	이현주

책임편집	강승훈
표지·본문디자인	박우혁

제작진행	공간
인쇄	비전프린팅
제본	장항피앤비

©신상원, 2009
ISBN 978-89-90620-38-5 04320
　　　978-89-90620-37-8 세트

책값은 뒤표지에 표시되어 있습니다.

이 책은 콩기름 잉크soy ink로 인쇄한 친환경 인쇄물입니다.